心一堂術數古籍珍本叢刊

書名：《子平命術要訣》《知命篇》合刊

系列：心一堂術數古籍珍本叢刊 星命類 第二輯 134

作者：【民國】鄒文耀、【民國】胡仲言撰

主編、責任編輯：陳劍聰

心一堂術數古籍珍本叢刊編校小組：陳劍聰 素聞 梁松盛 鄒偉才 虛白盧主

出版：心一堂有限公司

地址/門市：香港九龍旺角西洋菜南街五號好望角大廈一〇〇三室

電話號碼：+852-6715-0840 +852-6633-7949

網址：sunyata.cc

電郵：sunyatabook@gmail.com

網上書店：http://book.sunyata.cc

網上論壇：http://bbs.sunyata.cc/

版次：二零一七年六月初版

平裝

國際書號：ISBN 978-988-8317-55-4

定價： 港幣 一百三十八元正
 新台幣 五百六十元正

香港及海外發行：香港聯合書刊物流有限公司

地址：香港新界大埔汀麗路三十六號中華商務印刷大廈三樓

電話號碼：+852-2150-2100

傳真號碼：+852-2407-3062

電郵：info@suplogistics.com.hk

台灣發行：秀威資訊科技股份有限公司

地址：台灣台北市內湖區瑞光路七十六巷六十五號一樓

電話號碼：+886-2-2796-3638

傳真號碼：+886-2-2796-1377

網絡書店：www.bodbooks.com.tw

台灣讀者服務中心：國家書店

地址：台灣台北市中山區松江路二〇九號一樓

電話號碼：+886-2-2518-0207

傳真號碼：+886-2-2518-0778

網絡書店：http://www.govbooks.com.tw/

中國大陸發行‧零售：心一堂書店

深圳地址：中國深圳羅湖立新路六號東門博雅負一層零零八號

電話號碼：+86-755-8222-4934

北京地址：中國北京東城區雍和宮大街四十號

心一店淘寶網：http://sunyatacc.taobao.com

心一堂術數古籍 珍本 整理 叢刊 總序

術數定義

術數，大概可謂以「推算（推演）、預測人（個人、群體、國家等）、事、物、自然現象、時間、空間方位等規律及氣數，並或通過種種『方術』，從而達致趨吉避凶或某種特定目的」之知識體系和方法。

術數類別

我國術數的內容類別，歷代不盡相同，例如《漢書・藝文志》中載，漢代術數有六類：天文、曆譜、五行、蓍龜、雜占、形法。至清代《四庫全書》，術數類則有：數學、占候、相宅相墓、占卜、命書、相書、陰陽五行、雜技術等，其他如《後漢書・方術部》、《藝文類聚・方術部》、《太平御覽・方術部》等，對於術數的分類，皆有差異。古代多把天文、曆譜、及部分數學均歸入術數類，而民間流行亦視傳統醫學作為術數的一環；此外，有些術數與宗教中的方術亦往往難以分開。現代民間則常將各種術數歸納為五大類別：命、卜、相、醫、山，通稱「五術」。

本叢刊在《四庫全書》的分類基礎上，將術數分為九大類別：占筮、星命、相術、堪輿、選擇、三式、讖諱、理數（陰陽五行）、雜術（其他）。而未收天文、曆譜、算術、宗教方術、醫學。

術數思想與發展——從術到學，乃至合道

我國術數是由上古的占星、卜筮、形法等術發展下來的。其中卜筮之術，是歷經夏商周三代而通過「龜卜、蓍筮」得出卜（筮）辭的一種預測（吉凶成敗）術，之後歸納並結集成書，此即現傳之《易

經》。經過春秋戰國至秦漢之際，受到當時諸子百家的影響、儒家的推崇，遂有《易傳》等的出現，原

本是卜筮術書的《易經》，被提升及解讀成有包涵「天地之道（理）」之學。因此，《易·繫辭傳》曰：「易與天地準，故能彌綸天地之道。」

漢代以後，易學中的陰陽學說，與五行、九宮、干支、氣運、災變、律曆、卦氣、讖緯、天人感應說等相結合，形成易學中象數系統。而其他原與《易經》本來沒有關係的術數，如占星、形法、選擇，亦漸漸以易理（象數學說）為依歸。《四庫全書·易類小序》云：「術數之興，多在秦漢以後。要其旨，不出乎陰陽五行，生尅制化。實皆《易》之支派，傅以雜說耳。」至此，術數可謂已由「術」發展成「學」。

及至宋代，術數理論與理學中的河圖洛書、太極圖、邵雍先天之學及皇極經世等學說給合，通過術數以演繹理學中「天地中有一太極，萬物中各有一太極」（《朱子語類》）的思想。術數理論不單已發展至十分成熟，而且也從其學理中衍生一些新的方法或理論，如《梅花易數》、《河洛理數》等。

在傳統上，術數功能往往不止於僅僅作為趨吉避凶的方術，及「能彌綸天地之道」的學問，亦有其「修心養性」的功能，「與道合一」（修道）的內涵。《素問·上古天真論》：「上古之人，其知道者，法於陰陽，和於術數。」數之意義，不單是外在的算數、歷數、氣數，而是與理學中同等的「道」、「理」--心性的功能，北宋理氣家邵雍對此多有發揮：「聖人之心，是亦數也」、「萬化萬事生乎心」、「心為太極」。《觀物外篇》：「先天之學，心法也。……蓋天地萬物之理，盡在其中矣，心一而不分，則能應萬物。」反過來說，宋代的術數理論，受到當時理學、佛道及宋易影響，認為心性本質上是等同天地之太極。天地萬物氣數規律，能通過內觀自心而有所感知，即是內心也已具備有術數的推演及預測、感知能力；相傳是邵雍所創之《梅花易數》，便是在這樣的背景下誕生。

《易·文言傳》已有「積善之家，必有餘慶；積不善之家，必有餘殃」之說，至漢代流行的災變說及讖緯說，我國數千年來都認為天災，異常天象（自然現象），皆與一國或一地的施政者失德有關；下

至家族、個人之盛衰，也都與一族一人之德行修養有關。因此，我國術數中除了吉凶盛衰理數之外，人心的德行修養，也是趨吉避凶的一個關鍵因素。

術數與宗教、修道

在這種思想之下，我國術數不單只是附屬於巫術或宗教行為的方術，又往往是一種宗教的修煉手段--通過術數，以知陰陽，乃至合陰陽（道）。「其知道者，法於陰陽，和於術數。」例如，「奇門遁甲」術中，即分為「術奇門」與「法奇門」兩大類。「法奇門」中有大量道教中符籙、手印、存想、內煉的內容，是道教內丹外法的一種重要外法修煉體系。甚至在雷法一系的修煉上，亦大量應用了術數內容。此外，相術、堪輿術中也有修煉望氣（氣的形狀、顏色）的方法；堪輿家除了選擇陰陽宅之吉凶外，也有道教中選擇適合修道環境（法、財、侶、地中的地）的方法，以至通過堪輿術觀察天地山川陰陽之氣，亦成為領悟陰陽金丹大道的一途。

易學體系以外的術數與的少數民族的術數

我國術數中，也有不用或不全用易理作為其理論依據的，如揚雄的《太玄》、司馬光的《潛虛》。

也有一些占卜法、雜術不屬於《易經》系統，不過對後世影響較少而已。

外來宗教及少數民族中也有不少雖受漢文化影響（如陰陽、五行、二十八宿等學說。）但仍自成系統的術數，如古代的西夏、突厥、吐魯番等占卜及星占術，藏族中有多種藏傳佛教占卜術、苯教占卜術；北方少數民族有薩滿教占卜術；不少少數民族如水族、白族、布朗族、佤族、彝族、苗族等，皆有占雞（卦）草卜、雞蛋卜等術，納西族的占星術、占卜術，彝族畢摩的推命術、占卜術......等等，都是屬於《易經》體系以外的術數。相對上，外國傳入的術數以及其理論，對我國術數影響更大。

曆法、推步術與外來術數的影響

我國的術數與曆法的關係非常緊密。早期的術數中，很多是利用星宿或星宿組合的位置（如某星在某州或某宮某度）付予某種吉凶意義，并據之以推演，例如歲星（木星）、月將（某月太陽所躔之宮次）等。不過，由於不同的古代曆法推步的誤差及歲差的問題，若干年後，其術數所用之星辰的位置，已與真實星辰的位置不一樣了；此如歲星（木星），早期的曆法及術數以十二年為一周期（以應地支），與木星真實週期十一點八六年，每幾十年便錯一宮。後來術家又設一「太歲」的假想星體來解決，是歲星運行的相反，週期亦剛好是十二年。而術數中的神煞，很多即是根據太歲的位置而定。又如六壬術中的「月將」，原是立春節氣後太陽躔娵訾之次而稱作「登明亥將」，至宋代，因歲差的關係，要到雨水節氣後太陽才躔娵訾之次，當時沈括提出了修正，但明清時六壬術中「月將」仍然沿用宋代沈括修正的起法沒有再修正。

由於以真實星象周期的推步是非常繁複，而且古代星象推步術本身亦有不少誤差，大多數術數除依曆書保留了太陽（節氣）、太陰（月相）的簡單宮次計算外，漸漸形成根據干支、日月等的各自起例，以起出其他具有不同含義的眾多假想星象及神煞系統。唐宋以後，我國絕大部分術數都主要沿用這一系統，也出現了不少完全脫離真實星象的術數，如《子平術》、《紫微斗數》、《鐵版神數》等。後來就連一些利用真實星辰位置的術數，如《七政四餘術》及選擇法中的《天星選擇》，也已與假想星象及神煞混合而使用了。

隨着古代外國曆（推步）、術數的傳入，如唐代傳入的印度曆法及術數，元代傳入的回回曆等，其中我國占星術便吸收了印度占星術中羅睺星、計都星等而形成四餘星，又通過阿拉伯占星術而吸收了其中來自希臘、巴比倫占星術的黃道十二宮、四大（四元素）學說（地、水、火、風），並與我國傳統的二十八宿、五行說、神煞系統並存而形成《七政四餘術》。此外，一些術數中的北斗星名，不用我國傳統的星名：天樞、天璇、天璣、天權、玉衡、開陽、搖光，而是使用來自印度梵文所譯的：貪狼、巨

門、祿存、文曲、廉貞、武曲、破軍等，此明顯是受到唐代從印度傳入的曆法及占星術所影響。如星命術中的《紫微斗數》及堪輿術中的《撼龍經》等文獻中，其星皆用印度譯名。及至清初《時憲曆》，置閏之法則改用西法「定氣」。清代以後的術數，又作過不少的調整。

此外，我國相術中的面相術、手相術，唐宋之際受印度相術影響頗大，至民國初年，又通過翻譯歐西、日本的相術書籍而大量吸收歐西相術的內容，形成了現代我國坊間流行的新式相術。

陰陽學——術數在古代、官方管理及外國的影響

術數在古代社會中一直扮演着一個非常重要的角色，影響層面不單只是某一階層、某一職業、某一年齡的人，而是上自帝王，下至普通百姓，從出生到死亡，不論是生活上的小事如洗髮、出行等，大事如建房、入伙、出兵等，從個人、家族以至國家，從天文、氣象、地理到人事、軍事，從民俗、學術到宗教，都離不開術數的應用。我國最晚在唐代開始，已把以上術數之學，稱作陰陽（學），行術數者稱陰陽人。（敦煌文書、斯四三二七唐《師師漫語話》：「以下說陰陽人謾語話」，此說法後來傳入日本，今日本人稱行術數者為「陰陽師」）。一直到了清末，欽天監中負責陰陽術數的官員中，以及民間術數之士，仍名陰陽生。

古代政府的中欽天監（司天監），除了負責天文、曆法、輿地之外，亦精通其他如星占、選擇、堪輿等術數，除在皇室人員及朝庭中應用外，也定期頒行日書、修定術數，使民間對於天文、日曆用事吉凶及使用其他術數時，有所依從。

我國古代政府對官方及民間陰陽學及陰陽官員，從其內容、人員的選拔、培訓、認證、考核、律法監管等，都有制度。至明清兩代，其制度更為完善、嚴格。

宋代官學之中，課程中已有陰陽學及其考試的內容。（宋徽宗崇寧三年〔一一零四年〕崇寧算學令：「諸學生習……並曆算、三式、天文書。」「諸試……三式即射覆及預占三日陰陽風雨。天文即預

定一月或一季分野災祥，並以依經備草合問為通。」

金代司天臺，從民間「草澤人」（即民間習術數人士）考試選拔：「其試之制，以《宣明曆》試推步，及《婚書》、《地理新書》試合婚、安葬，並《易》筮法、六壬課、三命、五星之術。」（《金史》卷五十一·志第三十二·選舉一）

元代為進一步加強官方陰陽學對民間的影響、管理、控制及培育，除沿襲宋代、金代在司天監掌管陰陽學及中央的官學陰陽學課程之外，更在地方上增設陰陽學教授員（《元史·選舉志一》：「世祖至元二十八年夏六月始置諸路陰陽學。」）地方上也設陰陽學教授員，培育及管轄地方陰陽人。（《元史·選舉志一》：「（元仁宗）延祐初，令陰陽人依儒醫例，於路、府、州設教授，凡陰陽人皆管轄之，而上屬於太史焉。」）自此，民間的陰陽術士（陰陽人），被納入官方的管轄之下。

至明清兩代，陰陽學制度更為完善。中央欽天監掌管陰陽學，明代地方縣設陰陽學正術，各州設陰陽學典術，各縣設陰陽學訓術。陰陽人從地方陰陽學肄業或被選拔出來後，再送到欽天監考試。（《大明會典》卷二二三：「凡天下府州縣舉到陰陽人堪任正術等官者，俱從吏部送（欽天監），考中，送回選用；不中者發回原籍為民，原保官吏治罪。」）清代大致沿用明制，凡陰陽術數之流，悉歸中央欽天監及地方陰陽官員管理、培訓、認證。至今尚有「紹興府陰陽印」、「東光縣陰陽學記」等明代銅印，及某某縣某某之清代陰陽執照等傳世。

清代欽天監漏刻科對官員要求甚為嚴格。《大清會典》「國子監」規定：「凡算學之教，設肄業生。滿洲十有二人，蒙古、漢軍各六人，於各旗官學內考取。漢十有二人，於舉人、貢監生童內考取。」學生在官學肄業、貢監生肄業或考得舉人後，經過了五年對天文、算法、陰陽學的學習，其中精通陰陽術數者，會送往漏刻科。而在欽天監供職的官員，《大清會典則例》「欽天監」規定：「本監官生三年考核一次，術業精通者，保題升用。不及者，停其升轉，再加學習。如能黽

六

勉供職，即予開復。仍不及者，降職一等，再令學習三年，能習熟者，准予開復，仍不能者，黜退。」

除定期考核以定其升用降職外，《大清律例》中對陰陽術士不準確的推斷（妄言禍福）是要治罪的。

《大清律例‧一七八‧術七‧妄言禍福》：「凡陰陽術士，不許於大小文武官員之家妄言禍福，違者杖一百。其依經推算星命卜課，不在禁限。」大小文武官員延請的陰陽術士，自然是以欽天監漏刻科官員或地方陰陽官員為主。

官方陰陽學制度也影響鄰國如朝鮮、日本、越南等地，一直到了民國時期，鄰國仍然沿用着我國的多種術數。而我國的漢族術數，在古代甚至影響遍及西夏、突厥、吐蕃、阿拉伯、印度、東南亞諸國。

術數研究

術數在我國古代社會雖然影響深遠，「是傳統中國理念中的一門科學，從傳統的陰陽、五行、九宮、八卦、河圖、洛書等觀念作大自然的研究。……傳統中國的天文學、數學、煉丹術等，要到上世紀中葉始受世界學者肯定。可是，術數還未受到應得的注意。術數在傳統中國科技史、思想史，文化史、社會史，甚至軍事史都有一定的影響。……更進一步了解術數，我們將更能了解中國歷史的全貌。」（何丙郁《術數、天文與醫學中國科技史的新視野》，香港城市大學中國文化中心。）

可是術數至今一直不受正統學界所重視，加上術家藏秘自珍，又揚言天機不可洩漏，「（術數）乃吾國科學與哲學融貫而成一種學說，數千年來傳衍嬗變，或隱或現，全賴一二有心人為之繼續維繫，賴以不絕，其中確有學術上研究之價值，非徒癡人說夢，荒誕不經之謂也。其所以至今不能在科學中成立一種地位者，實有數因。蓋古代士大夫階級目醫卜星相為九流之學，多恥道之；而發明諸大師又故為惝恍迷離之辭，以待後人探索；間有一二賢者有所發明，亦秘莫如深，既恐洩天地之秘，復恐譏為旁門左道，始終不肯公開研究，成立一有系統說明之書籍，貽之後世。故居今日而欲研究此種學術，實一極困難之事。」（民國徐樂吾《子平真詮評註》，方重審序）

現存的術數古籍，除極少數是唐、宋、元的版本外，絕大多數是明、清兩代的版本。其內容也主要是明、清兩代流行的術數，唐宋或以前的術數及其書籍，大部分均已失傳，只能從史料記載、出土文獻、敦煌遺書中稍窺一鱗半爪。

術數版本

坊間術數古籍版本，大多是晚清書坊之翻刻本及民國書賈之重排本，其中豕亥魚魯，或任意增刪，往往文意全非，以至不能卒讀。現今不論是術數愛好者，還是民俗、史學、社會、文化、版本等學術研究者，要想得一常見術數書籍的善本、原版，已經非常困難，更遑論如稿本、鈔本、孤本等珍稀版本。

在文獻不足及缺乏善本的情況下，要想對術數的源流、理法、及其影響，作全面深入的研究，幾不可能。

有見及此，本叢刊編校小組經多年努力及多方協助，在海內外搜羅了二十世紀六十年代以前漢文為主的術數類善本、珍本、鈔本、孤本、稿本、批校本等數百種，精選出其中最佳版本，分別輯入兩個系列：

一、心一堂術數古籍珍本叢刊
二、心一堂術數古籍整理叢刊

前者以最新數碼（數位）技術清理、修復珍本原本的版面，更正明顯的錯訛，部分善本更以原色彩色精印，務求更勝原本。并以每百多種珍本、一百二十冊為一輯，分輯出版，以饗讀者。

後者延請、稿約有關專家、學者，以善本、珍本等作底本，參以其他版本，古籍進行審定、校勘、注釋，務求打造一最善版本，方便現代人閱讀、理解、研究等之用。

限於編校小組的水平，版本選擇及考證、文字修正、提要內容等方面，恐有疏漏及舛誤之處，懇請方家不吝指正。

心一堂術數古籍　珍本　叢刊編校小組

二零零九年七月序
二零一四年九月第三次修訂

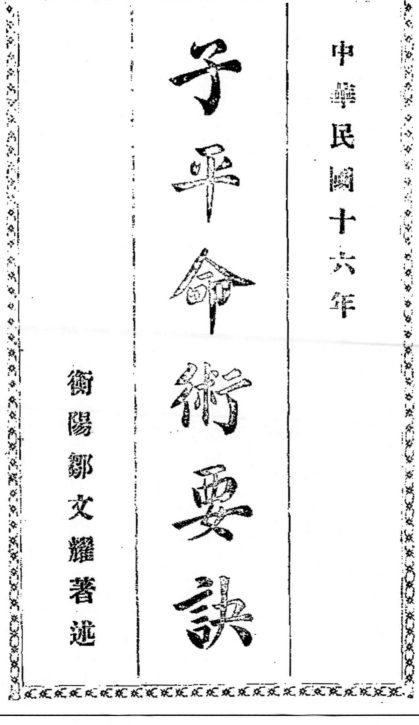

中華民國十六年

子平命術要訣

衡陽鄒文耀著述

維新命學真詮出版預告

著述者衡陽鄒文耀

命學為人生趨吉避凶之指針

而諸家之解釋非失之于補風

捉影之空談即失之于迷信與

端之附會以致談命為心無確

實把握通人破口斥為迷信是

書全本天文學地文學氣象學

生物學物理學論理學數學等

科學學理及方法解釋命學之

原理應用命術之方法推斷人

生之命運語語皆真字字有據

力去舊日懸空之論調發揮命

學上可以實用可以証實之真

理開命學界之新紀元誠空前

之巨作也書已成稿不日付印

高等造命學大全

...... 出版預告

著述者衡陽鄒文耀

是書採用命學原理應用科學方法本人定勝天之旨以造成人生適宜之環境操縱人生之命運對于人生實用大有功用之作也現正在編輯中

西洋數理命運學

...... 出版預告

譯述者衡陽鄒文耀

是書現正在譯述中以備研究命學者之參考

子平命術要訣目錄

一　命學爲實驗所得之 ……………………………………………………… 十五

二　干支源流 ………………………………………………………………… 十六

三　眞理說 …………………………………………………………………… 十五

四　干支配屬及五行 ………………………………………………………… 十八

五　干支陰陽及配對 ………………………………………………………… 十九

六　天干化合 ………………………………………………………………… 二十

七　地支化合 ………………………………………………………………… 二一

八　地支三合 ………………………………………………………………… 二二

九　地支相冲 ………………………………………………………………… 二三

十　地支相害 ………………………………………………………………… 二四

十一　地支三刑 ……………………………………………………………… 二五

十二　地支生肖 ……………………………………………………………… 二六

十三　干支納音五行 ………………………………………………………… 二七

十四　干支動靜 ……………………………………………………………… 二八

　　　天干生旺死絕 ………………………………………………………… 二九

子平命術要訣　目錄

三十　地支人元用事 ………………………………………………………… 三十

　　　五行相生相尅 ………………………………………………………… 三三

　　　五行相尅變化 ………………………………………………………… 三三

　　　五行生尅名稱 ………………………………………………………… 三四

　　　八字解說 ……………………………………………………………… 三五

　　　二十四節氣 …………………………………………………………… 三六

　　　推年法 ………………………………………………………………… 三七

　　　推月法 ………………………………………………………………… 三八

　　　推日法 ………………………………………………………………… 三九

　　　推時法 ………………………………………………………………… 四十

　　　推胎元法 ……………………………………………………………… 四一

　　　推大運法 ……………………………………………………………… 四二

　　　推流年法 ……………………………………………………………… 四三

　　　八字生尅格式 ………………………………………………………… 四四

神煞之應用

天乙貴人 ……………………………………………………………………… 三一

三奇貴人 ……………………………………………………………………… 三二

驛馬

咸池

空亡 …………………………………………………………………………… 三五

文昌 …………………………………………………………………………… 三六

將星 …………………………………………………………………………… 三七

天干化合之變態

地支刑冲之變態

八字入手看法要訣

五行用事 ……………………………………………………………………… 四一

五行强弱 ……………………………………………………………………… 四二

五行强弱之比較 ……………………………………………………………… 四三

日干强弱之分別 ……………………………………………………………… 四四

四五　日干之強
四六　日干之弱
四七　日干得時不旺
四八　日干失時不弱
四九　日干變旺爲弱
五十　日干變弱爲旺
五一　大運與日主強弱
　　　之關係
五二　推斷要訣
五三　論正官
五四　論偏官
五五　論財星
五六　論印綬
五七　論傷官
五八　論食神
五九　論比刦

六十　雜格要訣
六一　飛天祿馬格
六二　倒冲格
六三　井欄格义
六四　壬騎龍背
六五　子遙巳格
六六　丑遙巳格
六七　六陰朝陽格
六八　六乙鼠貴格
六九　合祿格
七十　六壬趨艮格
七一　刑合格
七二　拱財格
七三　雜格餘論
七四　論女命要訣
七五　論小兒命要訣

七六　論性情要訣
七七　論六親要訣
七八　論父母
七九　論妻姿
八十　論兄弟
八一　論子息
八二　支通秘訣定六親法
八三　論大運要訣
八四　論流年要訣
八五　歲運互看法
八六　論命運貴賤吉凶要訣
八七　支通秘訣定命運貴賤
八八　吉凶法
八九　崔泉男命賦
　　　女命賦
九十及九一三盤賦及相心賦

子平命術要訣　　　　衡陽鄒文耀著述

一　命學爲實驗所得之眞理說

科學與迷信多峙出於一源。如天文學之起源出於占星術化學之源出於鍊金術可例証也。至其後分途而進科學則以求眞理爲目的迷信只限於老守遺傳的信仰遂至二者截然大異而互相沖突。故吾人對於迷信學說若能研究其眞理將已知之事實以証明之確認之作成一個體系說同信仰一般則迷信之說不攻自破矣倡實驗主義 Experimentalism 哲學家有言曰眞理不是先天存在的理想是由我們搆成証明他是妥當的眞理不過是一個歷程而實際的效果纔是眞理的歸宿。又云眞理到底是人的努力和動因眞理便不能成立。由是可知實驗主義的眞理觀不是理想的不是絕對的是相對的其說益明矣失勒氏 F. C. S. Schiller 曰眞理是實際的組成以應用於客觀的。即一般人而應用同一的眞理是迫於社會上的交際和堅實的生活上所必需的償母士 William James 曰我們對於今天所得之眞理明日也許斥爲虛僞由此可知眞理其初是偶然的及後因各人的需要又轉而構成必然的客觀的眞理應用於社會矣。命學者發揮哲學上宇宙觀察之一部依天道循環之理以律人事。而知吉凶禍福之學說也易曰古者包犧氏之王天下也仰則觀象於天俯則觀法於地觀鳥獸之文與地之宜遠取諸物近

子平命術要訣

取諸身。於是，〔以八卦以通神明之德以類萬物之情。是明以天文學地文學生物學等自

然科學的研，〔基礎而作八卦也蓋古人以爲研究天體之配置與人事之變化可以豫

知人之命運占星術之根據即在於葢命術之發源亦在於此故命學又名曰星學也五行

生尅之理關於河洛干支創造之時起於上古命術者由五行生尅之法而成也其所用之

符號則有甲乙丙丁戊己庚辛壬癸十天干及子丑寅卯辰巳午未申酉戌亥十二地支其

所用之學理則有天文學地文學氣象學生物學物理學論理學及數學等等其所用之方

法則用實驗主義考察之試驗之是也我國命學之有著作或云肇於上古然年代已久不

可考矣歷戰國漢晉南北隋唐如珞琭子董仲舒管輅魏定諸人皆用其術唐時李泌李虛

中之徒皆爲命學界之鉅子李虛中得李泌所受之管輅書天陽訣及僧一行之銅鈸要旨。

推衍而用之改年主爲日主命術至是一變矣至五代時徐子平得李虛中之術而損益之

專主五行不主納音其法至是又變矣現時推命之學由元人准子平之法而演繹之者。

故通稱曰子平命術由是可知命學者非天造地設也特由多數人之經驗用符號用學理

用實驗所得之種種結果綜核之判斷之而成一具體的學術可信的眞理是命學爲相對

的進步的隨人事之變遷社會之改移而變化之學說也惟體古時命書對於要訣未加詳

細說明以致後人讀命書多時而仍難得要領論命時驗者固多而不驗者亦復不少遂易

起人懷疑之心而目之爲迷信也本書對於命學撮要提綱用科學方法淺顯文字闡命學

二

方法。詳細說明。讀者得此。毫無困難之處。容易了解命術之秘訣。而能運用自如。庶迷信之說可破。而命術之眞理更明。對於處世接物之道當大有所補也。

二　干支源流

天干有十。地支有十二。甲乙丙丁戊己庚辛壬癸謂之十天干。子丑寅卯辰巳午未申酉戌亥謂之十二地支。昔黃帝命大撓探五行之情占斗綱所建始作甲子以命歲時以子配天故曰天干以支配地故曰地支。此甲子干支紀時之源流也。

三　干支配屬及五行

甲乙配木。屬東方寅卯辰之位。故寅卯辰亦屬木也。丙丁配火。屬南方巳午未之位。故巳午未亦屬火也。戊己配土屬中央辰戌丑未之位。故辰戌丑未又分而屬土也。庚辛配方申酉戌之位。故申酉戌亦屬金也。壬癸配水。屬北方亥子丑之位。故亥子丑亦屬水也。

四　干支陰陽及配對

天干甲丙戊庚壬五者屬陽。乙丁己辛癸五者屬陰。地支子寅辰午申戌六者屬陽。丑卯巳未酉亥六者屬陰。干支陽與陽配陰與陰對。如甲配子而成甲子。因甲與子均爲陽也。乙配丑而成乙丑。因乙與丑均爲陰也。此甲子相配。依次順行適成六十也。

五　天干化合

甲與己合化土。乙與庚合化金。丙辛合化水。丁與壬合化木。戊與癸合化火。但兩甲合一己。

或兩巳合一甲之類謂之爭合僅有十之二三之合意情不專矣。

六 地支化合

子與丑合化土寅與亥合化木卯與戌合化火辰與酉合化金巳與申合化水午與未合。因午為太陽未為太陰日月合明也。

七 地支三會

申子辰會水局亥卯未會木局寅午戌會火局巳酉丑會金局辰戌丑未全謂之土局按地支會局則其勢盛如申子辰三合水局則成江海汪洋之水矣有以僅見二字為牛會水局如申子或子辰之類是也餘均仿此。

八 地支相沖

子午相沖寅申相沖卯酉相沖辰戌相沖丑未相沖巳亥相沖謂之六沖沖即相尅之意但二子一午或一午二子謂之雙包主吉不以沖論若三子一午則又沖矣餘均仿此。

九 地支相害

子未相害丑午相害寅巳相害卯辰相害申亥相害酉戌相害謂之六害相害即不和之意。

十 地支三刑

子刑卯卯刑子為無禮之刑寅刑巳巳刑申申刑寅為恃勢之刑丑刑戌戌刑未未刑丑為無恩之刑辰午酉亥為自刑之刑吉神忌刑凶神宜刑沖。

十一　地支生肖

子屬鼠丑屬牛寅屬虎卯屬兔辰屬龍巳屬蛇午屬馬未屬羊申屬猴酉屬雞戌屬狗亥屬猪按生肖之說始於黃帝立子午十二辰以名月又以十二獸屬之是也

十二　干支納音五行

昔黃帝命大撓探五行之情致天書三式以十干十二支衍而成六十取納音聲而定之爲納音即甲子乙丑海中金之類是也兹述之以備參考

甲子乙丑海中金　　丙寅丁卯爐中火　　戊辰己巳大林木　　庚午辛未路傍土

壬申癸酉劍鋒金　　甲戌乙亥山頭火　　丙子丁丑澗下水　　戊寅己卯城頭土

庚辰辛巳白蠟金　　壬午癸未楊柳木　　甲申乙酉泉中水　　丙戌丁亥屋上土

戊子己丑霹靂火　　庚寅辛卯松柏木　　壬辰癸巳長流水　　甲午乙未沙中金

庚申辛酉石榴木　　壬戌癸亥大海水　　戊申乙酉大驛土　　庚戌辛亥釵釧金

丙申丁酉山下火　　戊戌己亥平地木　　丙辰丁巳沙中土　　壬寅癸卯金箔金

甲辰乙巳覆燈火　　庚子辛丑壁上土　　甲寅乙卯大溪水　　戊午己未天上火

壬子癸丑桑柘木　　丙午丁未天河水　　

十三　干支動靜

干支並論則干爲陽支爲陰陽主動故天下透出而動在八字中爲力甚大陰主靜故地支干支並論則干爲陽支爲陰陽主動故天下透出而動在八字中爲力甚大陰主靜故地支

子平命術要訣

隱藏於八字之下。而力小若以地支單論。則子寅辰午申戌六陽支性勤勢強而發速。丑卯

己未酉亥六陰支性靜氣專而發遲矣。

十四　天干生旺死絕

天干之生旺死絕茲先列表以明之而後加以解釋表式如下。

	長生	沐浴	冠帶	臨官	帝旺	衰	病	死	墓	絕	胎	養
(甲)	亥	子	丑	寅	卯	辰	巳	午	未	申	酉	戌
(乙)	午	巳	辰	卯	寅	丑	子	亥	戌	酉	申	未
(丙)	寅	卯	辰	巳	午	未	申	酉	戌	亥	子	丑
(丁)	酉	申	未	午	巳	辰	卯	寅	丑	子	亥	戌
(戊)	寅	卯	辰	巳	午	未	申	酉	戌	亥	子	丑
(己)	酉	申	未	午	巳	辰	卯	寅	丑	子	亥	戌
(庚)	巳	午	未	申	酉	戌	亥	子	丑	寅	卯	辰
(辛)	子	亥	戌	酉	申	未	午	巳	辰	卯	寅	丑
(壬)	申	酉	戌	亥	子	丑	寅	卯	辰	巳	午	未
(癸)	卯	寅	丑	子	亥	戌	酉	申	未	午	巳	辰

或云同壬

五行長生之理。與萬物同。如甲木長生在亥。沐浴在子。冠帶在丑等等是也。惟土散於四維。

各旺四季。有謂其長生于寅。亦有謂長生于申者。是以土無正位。生物多方。又何疑焉。長生之法。宋人分陰陽為二。陽順陰逆。所以有陽生陰死。陰生陽死之說也。長生沐浴等名詞為假借形容之詞。長生猶人之初生也。沐浴猶人既生之後。沐浴以去垢。如果核已苗則苗端之青殼已離也。冠帶猶人年長而冠帶也。臨官猶人既長而壯。可以出仕宰民也。帝旺猶人壯盛之極。可以出輔帝王而大有為也。衰物之初變也。病衰之甚也。死則氣盡而無餘也。墓者造化收藏。猶物之埋于土也。絕者前氣已絕。後氣將續而結聚成胎也。養者如人養胎于母腹也。自是而復長生循環無窮矣。寅申巳亥為五行長生之位。子午卯酉為五行之敗地。辰戌丑未為五行之四庫。即辰為水庫。戌為火庫。丑為金庫。未為木庫。而辰戌丑未又均兼為土庫。又為四季。故辰有木之餘氣。未有火之餘氣。戌有金之餘氣。丑有水之餘氣也。

十五　地支人元用事

古歌云子中癸水在其中。丑癸辛金己土同。寅宮甲木兼丙戊。卯宮乙木獨相逢。辰藏乙戊三分癸。巳中庚金丙戊叢。午中丁火並己土。未宮乙己丁共崇。申位庚金壬水戊。酉宮辛字獨豐隆。戌中辛金及丁戊。亥藏壬甲是眞蹤。此支中所藏者為人元。就其主要者言也。再致玉井篇則以甲丙庚壬各三十五日。乙丁辛癸各三十日。戊巳各五十日。共計三百六十日。列表如下。

子平命術要訣

寅月　巳七日丙五日甲十八日
辰月　戊十八日乙九日癸三日
午月　丁十八日丙九日乙三日
申月　庚十七日己七日戊三日壬三日
戌月　戊十八日辛七日丁五日
子月　癸十八日壬五日辛三日

卯月　乙十八日甲九日癸三日
巳月　丙十八日戊七日庚五日
未月　己十八日乙五日丁七日
酉月　辛二十日庚七日丁三日
亥月　壬十八日甲五日戊七日
丑月　己十八日癸七日辛五日

右表所稱爲月係以節氣爲準。如立春爲節雨水爲氣合爲寅月是也。時行物生天道之常

譬如寅月立春後己土用事七日。丙五日甲十八日共足三十日。而古歇云寅藏甲木兼丙

戊者何也蓋中五行生死進退之玄機本不以幾日爲度寅月甲木爲主其餘爲客乃

主有納客之義容無勝主之理。但主氣之司權自有初中末三氣之淺深用之者特宜較量

重輕言耳豈可以三五七日爲限哉又支中所藏。止以月論年日時不論人命重提綱故耳。

十六　干支相關變化

甲屬陽爲木寅亦屬陽爲木故甲與寅同宮同理可知乙與卯辰同宮丙與巳同宮丁與午

未同宮戊與丙丁同其寄宮相同庚與申同宮辛與酉戌同宮壬與亥同宮癸與子丑同

宮故寅亥合而甲壬亦合也巳申合而丙庚亦合也乙卯酉冲而乙辛亦冲也子午冲而丁癸

亦冲也如壬寅戊子丙申辛巳丁亥戊申六日爲干支自合男命值之貴女命值之多主淫

賤是即瑤珠子所謂無合有合後學雖知著也又如甲申庚寅辛卯巳丑四日為干支自沖。

無論男女命箇之皆不利其配偶也八字支中本有午戌而缺一寅天干見甲即為三會則

此甲字化木為火矣餘可例推至若柱中木盛或火土等勢盛期二丁三丁合一壬或二壬

三壬合一丁亦可化木爭合姤合之說又非所論於此矣火土等等亦可例推也。

十七　五行相生相剋

金生水水生木木生火火生土土生金是為五行相生金剋木木剋土土剋水水剋火火剋

金是為五行相剋

十八　五行生剋變化

金賴土生土多金埋金能生水水多金沉金能剋木木堅金缺金衰遇火必見銷鎔金強得

水方剉其鋒

土賴火生火多土焦土能生金金多土變土能剋水水多土流土衰遇木必遭傾陷土強得

金方制其害

木賴水生水多木漂木能生火火多木焚木能剋土土重木折木弱逢金必為砍折木強得

火方化其頑

火賴木生木多火熾火能生土土多火晦火能剋金金多火熄火弱逢水必為熄滅火強得

土方止其焰

水賴金生。金多水濁。水能生木。木盛水縮。水能尅火。火炎水熱。水弱逢土必爲淤塞。水強得

水方洩其勢。

十九　五行生尅名稱

尅我者爲正官偏官。生我者爲正印偏印。我尅者爲正財偏財。我生者爲傷官食神比肩者

爲刼財敗財生尅之法。係認定一干爲我身之主干。而與其他干或支相比較。一陰一

陽爲正。二者俱陽或陰爲偏。假定主干爲陽。如甲木見甲木爲比肩。見乙陰木爲刼財見戊

爲偏財見己爲正財。見丙爲食神見丁爲傷官。庚爲偏官又爲七煞見辛爲正官見壬爲

偏印見癸爲正印。餘均仿此茲列表於後。—

五陽干日主	日主橫看
甲　丙　戊　庚　壬	爲比肩兄弟之類
乙　丁　己　辛　癸	爲刼財羊刃尅父及妻
丙　戊　庚　壬　甲	爲食神天廚壽星又爲男
丁　己　辛　癸　乙	爲傷官盜氣尅息剝官
戊　庚　壬　甲　丙	爲偏財偏妻又爲父爲妾
己　辛　癸　乙　丁	爲正財正妻主尅母

五陰干日主	日主橫看
乙　丁　己　辛　癸	爲比肩兄弟
甲　丙　戊　庚　壬	爲刼財
丙　戊　庚　壬　甲	爲傷官小人
丁　己　辛　癸　乙	爲食神天廚壽星
戊　庚　壬　甲　丙	爲正財正妻尅母
己　辛　癸　乙　丁	爲偏財偏妻
庚　壬　甲　丙　戊	爲正官祿馬

庚壬甲丙戊　為偏官七煞將星權

辛癸乙丁巳　為正官祭身屍也

壬甲丙戌庚　為倒食梟神主尅子息

癸乙丁巳辛　為印綬庇蔭

二十　八字解說

大撓作甲子以記歲時。由甲子年甲子月甲子日甲子時起。至於現時已四千六百餘年矣。吾人生於何年何月何日何時。即有年之干支。月之干支。日之干支。時之干支為之記載。而此年月日時之各干支字數計共有八。故曰八字。命學中有八字有歲運有格局等名詞。八字者符號所成之公式也。歲運者八字所經之歷程也。格局者八字所示之定例也。應用公式考察歷程參合定例以律人事而吉凶禍福可知矣。

二十一　二十四節氣

寅月立春雨水節。卯月驚蟄及春分。辰月清明並穀雨。巳月立夏小滿方。午月芒種及夏至。未月小暑大暑當。申月立秋還處暑。酉月白露秋分忙。戌月寒露及霜降。亥月立冬小雪張。子月大雪與冬至。丑月小寒大寒昌。以上共二十四節氣合為一年是也。

二十二　推年法

談命所謂之年。係以寅月為歲首寅月以立春節作初。故在本年正月立春節前生者。則以

辛癸乙丁巳　為偏官七煞

壬甲丙戌庚　為印綬正人

癸乙丁巳辛　梟神偏印倒食主尅子息

甲丙戌庚壬　為敗財逐馬

上一年之干支為主在本年十二月立春節後生者即以下一年干支為主例如某甲生于
丙申年正月初八申時查曆書載明是年正月初八日未時立春是未時之前猶未
立春當作乙丑年推命矣又如丙申年十二月二十三日午時生入本月二十二日申時交
立春節當作下一年丁卯推命餘仿此。

二十三　推月法

推月之法由人生年遁人之干支為主以節氣為綱其寫別有三如在本月節氣後生者即
以本月所遁之干支為主在本月節前生者即以上月所遁干支為主在本月下一節生者。
即以下月所遁干支為主。

申　酉　戌　亥
午　未　子　丑
巳　辰　卯　寅

遁月法　古歌云甲己之年丙作首乙庚之歲
戊為頭丙辛之歲尋庚上丁壬位順行更
有戊癸何方發甲寅之上好追求云如甲年
或己年生人從手上寅字起丙即丙寅月即卯月
即丁卯月續推至所生之月止因寅月即舊曆
正月卯月即舊曆二月也例如某甲生于丙申
年十月十八日申時曆書載明是月初三日卯

時立冬是十八日巳交十月節當作十月看命因丙辛之歲起庚寅順數至十月為巳亥即

所求之月也餘倣此。

二十四　推日法

日之起點是由今日夜間十二時以後到明日夜間十二時為一日但夜間十二時為子初三刻十五分故夜十一時後十二時前謂之夜子即今日之晚也如在夜十二時後一時前謂之早子即明日之早也推日之干支法可由曆書查出例如某甲生于丙申年十月十八日申時查本年曆書載十月初一日為壬戌十一日為壬申二十一日為壬午由十一日壬申順數至十八日為己亥即所求日之干支也。

二十五　推時法

遁時法　古歌云甲己還加甲乙庚丙作初丙辛從戊起丁壬庚子居戊癸何方發壬子是真途云例如某甲生于己亥日申時因甲己還加甲故從手上子字起甲順推至申得壬申時是也餘倣此。

二十六　推胎元法

推胎元者即求受胎之月之干支是也應以實際受胎月數為真不必一定十個月也通常按十月推胎元法以生月干前一位支前三位即是例如己亥月生人則胎元為庚寅是也。

二十七　推大運法

談命以八字為體大運為用推大運法先分陰陽男女陽年生男謂之陽男陰年生男謂之

子平命術要訣

十四

陰男。如甲年生男為陽男生女為陽女。乙年生男為陰男生女為陰女。是也。推大運時先從

所生之日起陽男陰女順行。數至未來節。陰男陽女逆行數至已過去節皆遇節即止中氣

不論。視其門數時數之多少三日為一歲。一時為十日。有餘為零。不足為借行運無論男女。

均從月上起陽男陰女。均依次順行陰男陽女均依次逆行五年一分十年一換也。求行運

歲數之公式如下。

$$10(12 \times 日數 + 時數) \div 30 = 月數$$

月數÷12日數　　月數十12日時數

例如丙申年十月十八日申時生男查曆書本年十一月初二亥正一刻八分交大雪節因

丙年生男為陽男。故從十月十八日申時順數至十一月初二日亥時共得十四日零三時。

用公式計之得（10[12×14+3]÷30＝57）五十七日合四年零九月簡言之則為五歲。

上運欠三月由前推年推月推日推時諸法知此人之四柱為丙申年已亥月已卯日壬申

時從已亥月順行五歲上庚子運十五歲上辛丑運依次順行如式一所示是也通常起大

運之位數以八步為此因人之壽數多在六七八十之間也如人壽多於八十則大運亦可

增多也假如此人為

丙申

五歲庚子　四五甲辰

十五辛丑　五五乙巳　式

二五壬寅　六五己午　一

三五癸卯　七五丁未

己亥

己卯

壬申

丙申

五歲戊戌　四五甲午

十五丁酉　五五癸巳　式

二五丙申　六五壬辰　二

三五乙未　七五辛卯

己亥

己卯

壬申

女命謂之陽女八字

同上運須逆行查曆

書十月初三日卯時

交立冬節由十月十八日申時逆行數至初三日卯時得十五日零五時由前公式計算合

五歲零五十日上運簡稱日五歲上運。從生月己亥逆行五歲上戊戌運十五歲上丁酉運。

依次逆行如式二所示是也上大運之歲數須以實足爲是例如上述丙申男命須于辛丑

七月十八日申時始實交庚子大運也。

二十八　推流年法

流年主一歲之吉凶亦關重要。推流年之法即以本流年之干支及流月之干支與八字及

大運參合而論其變化喜忌是也流年之干支可從曆書查出流月之干支可用推月法從

本流年之干遁之即得。

二十九　八字生尅格式

凡推十干生尅以日子爲我與年月日時各干及各支中所藏之干相比較觀其生尅例如

正印　丙申
　　　庚傷官
　　　壬正財
　　　戊剋財

比肩　己亥
　　　壬正財
　　　甲正官

　　　己卯
　　　乙七煞

正財　壬申
　　　庚傷官
　　　壬正財
　　　戊剋財

某甲八字爲丙申年己亥月己卯日壬申時以日干己爲我己屬陰土先

論天下午年干見丙陽火爲生我者。故曰正印月干見己陰土爲比我者。故

日比肩時干見壬陽水爲尅者故曰正財次論用支年支見申古歌云。

申位庚金壬水戊是申中藏有庚金壬水戊土也以庚金爲主庚陽金爲

我生者故日正財傷官戊陽土爲此我者故日劫

財月支見亥古歌云。亥藏壬甲是真踪是亥中藏有壬水甲木也以壬水

爲主壬爲正財己知之矣甲陽木爲尅我者故日正官日支卯古歌云。

子平命術要訣

卯中乙木獨相逢是卯中藏有乙木也。乙陰木為剋我者故曰七煞時支見申與申支同生
剋矣如上式所示是也。至大運之干支與流年之干支其與日主生剋之法亦同此推但日
主對於地支之生剋法有專注重支中所藏之主干者例如申中雖藏庚壬戊三干然以庚
金為主故有於甲字之下僅表出庚金為己土之傷官而不書壬之正財戊之刼財者蓋取
其主要者言也。而壬與戊亦未全棄而不論也。

三十　神煞之應用

神煞對於八字亦有禍福之權前人所著命書羅列神煞甚多驗者甚少茲特選其重要者
錄之以作論命之助要以在于人之善于活用也。

三十一　天乙貴人

古歌云甲戊庚牛羊乙巳鼠猴鄉丙丁豬雞位壬癸兔蛇藏六辛逢虎馬此是貴人方例如
八字年干或日干為甲或戊或庚地支見丑或未者即為貴人歲運遇之亦吉貴人能解命
中凶煞主人聰明若貴人戴財官印主貴落空亡主為九流僧道

三十二　三奇貴人

古歌云天上三奇甲戊庚地下三奇乙丙丁人間三奇壬癸辛命限逢此多奇遇刑害空亡
困一生凡三奇須年上見之否則不利家庭且須三干相聯顧者為貴逆者福慢戴名不壽

三十三　驛馬

古歌云。申子辰馬在寅。寅午戌馬在申。巳酉丑馬在亥。亥卯未馬在巳。例如八字中年支或日支為申或子或辰字者。均以寅字為驛馬。凡年日支為申子辰。其干上為壬癸年日支為寅午戌。其干上為丙丁年日支為巳酉丑。其干上為庚辛年日支為亥卯未。其干上為甲乙者。均以眞驛馬論。否則力輕矣。貴人馬多升擢。常人馬多奔波。女人馬多風流。十二歲以前之小孩五十以上之老人均不宜遇馬。否則主疾病。

三十四　咸池

寅午戌年或日生人以卯為咸池。申子辰年日以酉為咸池。亥卯未年日。以子為咸池。巳酉丑年日以午為咸池。凡寅午戌年日。其干上為丙丁申子辰年日。其干上為壬癸。亥卯未年日。其干上為甲乙。巳酉丑年日。其干上為庚辛者為眞咸池。男人逢之多懷慨。女人逢之多風流。古歌云咸池更會日宮。因妻致富桃花若臨帝座。因色身亡。須細詳之。

三十五　空亡

古歌云甲子旬中無戌亥。甲戌旬中無申酉。甲申旬中無午未。甲午旬中無辰巳。甲辰旬中無寅卯。甲寅旬中無子丑。其法如四柱中年之干支或日干支。在甲子旬中而見戌字或亥字者謂之空亡。因地支十二天干僅十。空其二位。故也。餘均仿此。年日互換空亡以不詳論。日時互換日緊時慢吉神忌空凶神喜空若有冲或合或刑則不空矣。

三十六　文昌

古歌云甲乙己午報君知丙戌申宮丁巳雞庚豬辛虎壬逢虎癸人見兔入雲梯如甲日見
己乙日見午是也經云文昌入命聰明過人又主逢凶化吉

三十七　將星

寅午戌見午巳酉丑見酉申子辰見子亥卯未見卯如寅午戌日而年月時見午者即是古
歌云將星文武兩相宜祿重權高足可知

三十八　天干化合之變態

八字中天干四字之位置亦有關係如甲巳本合也若甲與巳之間隔以庚則甲阻于庚尅
而不敢合巳若隔以乙則巳畏乙尅而不敢合甲矣又或甲在年而巳在年相距太遠其相
合之力亦僅十之二三而已至若兩甲一巳或兩巳一甲本爲爭合妒合設兩甲合一巳兩
甲之間而有字以隔之如年己月甲時又甲時與月之間隔以日干則月甲能合年己而時
干之甲不爭不妒矣若日爲己而月時之干均爲甲則又以爭妒論此化合之變態也

三十九　地支刑冲之變態

地支刑冲之象苟見于八字之四支中而或有會合之關係亦可變態如卯年酉月本相冲
也日支逢戌則戌可合卯而卯酉相冲之力小矣日支逢巳則巳與酉會而卯酉相冲之力
亦小矣日支逢子則子刑卯而卯酉相冲之力亦小矣又或年卯月子而日卯二卯本不刑
一子若時支逢戌則戌合一卯而子刑一卯矣時支逢亥則亥會一卯而子刑一卯矣又或

年卯月酉而日戌合卯。而卯酉不冲若時支逢午。則午戌會。而卯酉冲矣此皆地支刑冲之變態也。

四十　八字入手看法要訣

四柱排定三才次分察天干有無化合。視地支是否刑冲論五行之生剋辨神煞之吉凶千頭萬緒似覺複雜。初學讀此。更易迷亂苟不將其重心點明文說出秘要訣一語道破則學者必將費多少腦力以從事于思索用多少時間以檢讀命書矣。即或得其要訣一二亦恐難以完全否則瀰海忙忙未有不慄于迷途而不知彼岸之何適也。故八字之入手看法誠為獨一無二之重要問題換言之即命學之能否了解命術之是否成功。亦全視此八字之入手看法是否明悉也。茲特用顯淺之文字詳細說明八字之入手看法分條別類一一解釋以便一目即能了然也子平書云凡觀男命先觀日主之盛衰次察財官之強弱又云兄觀女命要身弱。正氣官要得祿有財無煞混官星定配賢良富貴族無官便要看財星財旺生官富貴眞云云。不論其對於男命對於女命對於貴命對於賤命其入手看法均先論強弱次論財官為獨一無二之法門也茲先就強弱論之。

四十一　五行用事

書云甲乙寅卯木旺于春故春木旺。火相水休金囚土死。丙丁巳午火旺於夏故夏火旺土相木休水囚金死。庚辛申酉金旺於秋故秋金旺水相土休火囚木死壬癸亥子水旺於冬

故冬水旺。木相金休土囚。火死戊己辰戌丑未旺於四季。故四季土旺金相火休木囚水死。

三命通會云。盛命乘時日旺。如春木旺旺。則生火。火乃木之子。子承父業。故火相木用水生。

生我者父母。今子嗣得時登高明顯赫之地。而生我者當知退矣。故水休休者美之至極休。

休然無事之義。火能尅金。金乃木之鬼被火尅制。不能施設。故金囚火能生土。土爲木之財。

財爲隱藏之物。草木發生土氣散漫所以春木尅土則死。蓋四時之序。節滿即謝五行之性。

功成必覆故陽極而降陰極而升天之常道也。

四十二　五行強弱

書云。得時便作旺論失時便作衰看。所謂時者。即當生之月令也。此說固有至理。然亦須活

爲參看。如甲乙雖旺於春而此時休囚之戊己。何嘗不生萬物特時當退避。不能與甲乙爭

先耳。蓋五行之氣流行於四時。雖十干各有專令亦有並存者。在也人之八字固以月支爲

重。而年月日時之干或支各字亦有左右之權其力未可輕視也。故五行不論月令休囚只

要四柱有根便爲有作用。長生祿刃根之重者也。墓庫餘氣根之輕者也。得一比肩不如得支

中一墓庫如甲逢未。丙逢戌之類。丁逢丑。不作此論以戌中無藏水。丑中無藏火也。

得二比肩如不得一餘氣。如乙逢辰。乙逢戌丁逢未之類。得二比肩不如得一長生祿刃。如甲逢亥

寅卯之類。陰長生不作此論然亦爲有根。蓋得一餘氣。如朋友之相扶

通根如室家之可住。干多不如根重。理固然也。故五行之氣。有得時不旺失時不弱者。亦有

變旺為弱變弱為旺者變化多方不可執一也。

四十三　五行強弱之比較

五行之中惟土在四時皆不失其用若以土旺四季。與春木夏火秋金冬水同論。非知五行

之眞者也至木火金水之強弱皆可用公式比較之。如云甲人未。蓋即言甲得一比肩不如

得支中一墓庫也換言之。即甲比肩之力小於未之力甲較未為弱未較甲為強也茲為簡

便起見列成各式如下。

甲人未　丙人戌　三甲人亥　或寅　或卯

庚人丑　壬人辰　三庚人巳　或申　或酉

乙人午　丁人酉　二乙人辰　二丁人未

辛人子　癸人卯　二辛人戌　二癸人丑

　　　　　　　　三丙人寅　或巳　或午

　　　　　　　　三壬人申　或亥　或子

四十四　日干強弱之分別

子平之法以日干為主以財官為用日主弱財官旺則財官為

禍故日主之強弱為談命入手之初步日干得令得地得生得助皆足以使之強也日干受

尅泄氣耗神皆足以使之弱也日干旺於月支謂之得令也日干於年日時各支中得長生

祿刃或逢墓庫(陽干逢庫有根陰干則否)謂之得地也日干逢印綬謂之得生也日干

逢比刼謂之得助也官尅太重日干受尅也傷食太多日干泄氣也財星太旺日干耗神也

子平命術要訣

日干之或强或弱當先細究八字中干與干及支之相互各關係而比較之分別之即大運
流年亦能左右日干為行運之吉凶要關也。

四十五　日干之强

丁丑
丙午式　　辛亥式
己亥　三　壬子　四
甲戌　　　癸卯

日干得令得地得生得助便謂之强。如一女命巳土建祿于午月而丑
戌之土又復帮比丙丁印綬兩透天干生助過强如式三所示是也又
一乞丙命于生亥提子丑演成北方一氣時干又有癸水月上復有辛
金印綬以助之水冷金寒萬物不生亦日干甚强之造耳如式四所示
是也。故查日干之强否由此可以類推矣。

四十六　日干之弱

丁酉式　　辛酉式
丙寅　五　戊子　六
丙子　　　癸亥

弱者强之對也故日干失令失地失生失助便謂之弱。若又受尅泄氣。
耗神弱更甚矣。如一命庚生寅月絕地干透丙煞及丁壬化木之財以
生煞成為煞重身輕之命。如式五所示是也。又一女命戊生子月干金
水而支亦金水財多身弱如式六所示是也。

四十七　日干得時不旺

甲申式　　辛酉
辛未

日干雖有得時令然不以旺論者。因月令之氣有深淺故也。如某僧命巳生未月。
天干己與甲合不特正五行屬土即化氣亦屬土惟此命生于小暑後一日正赤

己未　七
甲子

帝司權土神尚未十分用事糈神仍不足也再逢申支藏庚暗地化金以洩土氣故日干雖得時而不以旺論如式七所示是也

乙未
丙子　式

四十八　日干失時不弱

日干所生之時不值旺相之月謂之失令然有不以弱論者以其雖失令而仍為有氣也如林長民總長之命癸水生於未月復令之水似不宜洩氣然亥運三合木局即一躍而為總長蓋三伏生寒水神進氣壹至以後之水固失時不弱者也

癸卯　八
己未

如式八所示是也

己未
乙巳
丁亥　式

壬午　九
庚戌
辛未

四十九　日干變旺為弱

日干得令固為旺也然或受尅太重洩氣太甚耗神太多譬諸體質強健之人琢喪太過亦變旺為弱矣如一命壬水生於亥月本為旺時但四柱土重重年上己冲亥祿變旺為弱如式九所示是也又曾雲沛命己土生於未月極為土旺然四柱水木太多辛金透天日干受尅洩氣耗神故變旺為弱如式十所示是也

甲辰
丙子　式

壬午
戊申　式

五十　日干變弱為旺

日干失令固為弱也然或日干得生得助得地便可變弱為強譬諸文弱之人善自攝生反可獲福如一命己土生于子月失時也年時重重

子平命術要訣

巳未　十
巳酉　二十
戊辰　一
戊辰

見土比助。天干透印相生。變弱為強。如式十一所示是也。又壬止延總
長命巳土生于申月敗地。年支午地得祿又得二戊一辰之幫助。故能
變弱為旺。如式十二所示是也。

五十一　大運與日干強弱之關係

式　十　三

癸未　乙卯甲寅
丙辰　癸丑壬子
癸巳　辛亥庚戌
丁巳　己酉戊申

五十二　　三　十

日干既失令失地失生失助。又復受尅耗神。當以極弱論矣。然大運流年。
苟能生助日干。亦能富貴。如劉晏之命癸水生於辰月。本非旺地干透丙
丁。支有巳未。可謂財多身弱矣。然行數十年金水生助大運故得官農部。
如式十三所示是也。此外亦有日干本不甚旺而行尅泄歲運則能使日
干變為甚弱而生凶禍者。故大運為八字所經之歷程。有能
左右日干強弱之力。故有八字本不佳因行好運而致吉祥者。亦有八字本美因行不好運
而致終身平平者看命時宜注意也。

五十二　推斷要訣

論命入手之法。先論五行之強弱前已詳言之矣。五行之強弱既分。而八字之或主富。或主
貴或主賤或主吉而奮或主凶如何運限之向背如何種種切切。
均須一一分別之推斷之是則推斷之法。誠有重而且要之關係也。前人論命有以取用神
以定八字之窮通者。有以取格局以定終身之貴賤者。有以論病藥以決一生之吉凶者。何

謂用神即在八字中其中一字最為有用。如八字之格局不完成之八字中之財
官有傷此字能調理之是此字為有用之神故曰用神也。何謂格局即在八字中其各字之
相關作用謂能成一種格式或各字布列之位置。能成一種局式。此種八字均謂之有格局故
格局云者即前人對于八字所發明之定例。而以之定貴賤也。何謂病藥即在八字中用神
之氣有過強過弱之病。而以能治此過強過弱之病使之中和者即謂藥也。或八字中用神
傷受亦謂之病。而能去此用神之傷者即謂之藥也。此論用神論格局論病藥各家學說之
大意也。學說既多採用自難。每一八字到手。不知是否取用神推斷為妙。或者取格局推斷
為高抑或論病藥推斷為準。傍徨歧路莫知所從因此有謂命理精微非片言可盡者。有謂
命理廣奧。須領會傍通以求之者。故論命之驗不驗不敢多有把握而反對命運說之人更
有所藉口而斥之為迷信矣。夫八字之變化雖多學說雖不一致。苟不先求得其一定之原
則其共同之軌跡則未有不憬于迷途者。此種一定之原則。共同之軌跡。即推斷之要訣也。得
此要訣則一切問題。可迎刃而解矣。蓋子平之法。惟論八字中財官之有無。及財官對于日
干之強弱。所謂用神所謂病藥均包含于財官說之內。蓋日主強能用財官則財官即用神
也。日主強財官弱須用神以生財印綬以護官則傷食印綬亦用神也。日主弱財官旺須比
劫以幫身則此劫即用神也。次言病藥日主強財官弱為病。能生扶財官者。即藥也。由是可知言用神言病藥亦均以
也。日主弱財官強則日主弱為病。能生扶日主者。即藥也。由是可知言用神言病藥亦均以

財官為主體。特變化其說以言之也。至言格局。子平書云。有言冀壽格局。有格局喜官星由是可知格局云者。必八字中無財官可取始取格局。以能合出財官或冲出財官拱出財官等為貴是雖言格局。而仍以財官而歸。故以財官說以推斷八字之貴賤窮通實為一定之原則。共同之軌跡也。得此一定之原則共同之軌跡。則無論學說如何紛紜。八字如何複雜均能臨事不亂。胸有成竹大可坐談人命之窮通達限之長短矣。惟是財官雖為主體而對于財官變化之推斷。亦須詳為研究。方能運用自如也。

五十三　論正官

子平書云以日為主專論財官。蓋官乃扶身之本財為養命之原。故八字中之正官實為子平家所專重看官星之法八字中一位官星為妙多見不佳忌刑冲破害喜財星生扶主旺官尉須行官運官旺主弱。柱中官星遇傷宜宜有印以去傷護官或有財調和亦可因傷官生財生官也。又不可官煞混雜須能留官合煞為貴如式十四所示壬用巳官透干兩辛印綬並透支會木局傷官

己卯
庚寅

辛印解之宜參凶命也武十五所示酉官庚煞似覺混雜乙能合庚去

辛未　十式
乙酉

煞而官星清矣李參政命也凡此之類在人活取活用也

辛寅　十五
甲子　四

五十四　論偏官

戌辰
壬寅

偏官無制曰七煞有制曰官官則慈善美德。故為可貴煞則凶暴無忌最宜有制八字中若

二十六

三〇

七煞有制。仍以官論多出大貴巨富之人。如式十六所示酉煞月令透丁食以制之。曰主亦

强大貴之格也又制煞太過亦不爲佳須有物以調和之如式十七所示壬煞戌食

乙亥　　壬辰　　丙子
弱。制伏太過。喜有甲印中隔以損太過。故格成大貴也。偏官

乙酉〔式十〕　甲辰〔式十〕　甲午〔式十〕
最忌與正官混雜。須有去官留煞。或去煞留官之物爲吉。如式十八所示。丙

乙卯〔六〕　丙戌〔七〕　辛亥〔八〕
煞尤宜身旺。蓋身旺則殺人身弱則殺己也。有煞無食制而有

丁丑　　戊戌　　辛卯
官丁煞子午冲而去煞留官沈郎中命也。

刃當亦成貴格多出武職至若煞太旺身太弱則可作棄命從煞宜行助煞運論矣

五十五　　論財星

正財偏財均能生官同爲美格子平書云財旺官柔不可以官柔而言不貴官旺財絕從貴
也不顯榮讀此可知財星較官星尤爲重要矣財多身弱則不能任財喜比刦以助身旺

壬申　　乙未　　乙酉　　庚申
財弱喜傷食以生財。亦可致富身旺財

壬子〔式〕　己卯　庚辰〔式〕　乙丑
旺而柱中又有官星則財能生官富且

戊午〔九〕　甲午〔一〕　丁亥〔式〕　乙酉〔二〕
貴矣財露則見官偏財尤忌。蓋用官

乙卯　　辛巳　　乙亥〔二〕　丙申〔三〕
露財去生官雖露無妨葛參政命也財能魁印。故財印

不宜相並如式二十所示乙與巳兩

以防刦否則禍也如式十九所示財露官

不相能即有好處小富而已式二十一所示財煞並透合煞存財毛狀元命也式二十二所

子平命術要訣

示。財煞並透黨煞爲忌。印化煞以解凌。又不露財以雜印。趙倚耶命也。至若四柱皆財。日主

無氣則作棄命從財論。忌有印生身。若又有印煞則無從財又兼從官煞之理格不成矣式

二十三所示王十萬命棄命從財運喜傷食財鄉不宜身居旺地也。

五十六　論印綬

印綬能生身助強。又能制傷護官。不分偏正均美格也。八字中印綬之是否可取。須先視印。

綬能否生扶日主。以使身強能否制伏傷官以護官星爲斷。惟偏印遇食名曰梟神命中帶

梟主福薄夭壽。歲運遇梟亦主炎禍立至。式二

十四所示官印與傷並透戊印能制壬傷使壬

不傷兩官朱尚書命也。至若身強印旺則爲太

過須用傷食以洩身爲秀。如式二五所示李狀

元命也。又若身弱遇煞。尤須有印。因煞能生印印又生身。故煞不攻身。如式二六所示茅狀

元命也。有或身強印旺。須用財以抑太過。如式二七所示汪倚耶命也。

式二
丙戌　戊戌　己巳
戊戌　乙卯　辛酉　式
辛未　四　　乙亥
丙午　五　　庚申
癸未　六　　辛亥
壬申　七

五十七　論傷官

子平論命以財官爲主傷官不利於官星所以爲凶。但傷官能生財財能生官則以傷官爲者。

轉而爲生官之具雖凶爲吉亦可用也。命中傷官見官最爲不利。若有

財星根深仍爲吉兆。故傷官之是否可用。須先視傷官是否能傷官星。

式
甲子　壬午　己酉
壬申

戊午二
庚申

己亥九二
辛未八

弱則忌矣。式二八所示戊土身強。而財有根傷官亦旺。用傷官以生財星。故爲貴格。史春芳
命也。式二九所示年官月財並露時透辛傷。辛能生壬財。壬又生甲官作財旺生官論不曰
傷官見官矣。

格內得之。因傷官能洩身爲秀。日主太旺。有時尤喜傷官以洩其氣。身
是否能生財以助官爲斷。但傷官雖非吉神。而文人學士。往往於傷官

五十八　論食神

庚申
戊子〇三式
戊戌
戊戌

壬申一三式
巳未
戊戌
庚申

食神本屬洩氣。以其能制七煞變爲偏官。能生正財以助官星。故可貴
也。式三〇所示身強食旺。財亦透食能生財謝閣老命也。式三一所示。
食煞並透而無財食能直接制煞胡曾元命也。食神遇偏印是謂食神
遇梟無制則主貧主夭矣。

五十九　論比刧

己酉
辛丑
壬寅二三式
丙子
庚寅
甲辰三三式
丙午
乙亥

比刧羊刃能傷財星本爲不美。因其能幫身。使身弱者變強能受財官而羊刃能合七煞使
然不攻身。是比刧有時亦可用也。煞刃相逢常人無有英雄之命也。羊
刃不怕多。只怕見財則有甲奪之禍矣。有刃多而反不剋妻
者。是未見財也羊刃在時爲重歲運再過是謂倂臨凶不可言。官煞能
制刃官煞露而根源更爲可貴式三二所示官透有力旺財生之丞相

命也。式三三所示。寅祿乙刃。官煞競出。乙合煞存官。平章命也。財多身弱喜比刦爲福。財輕
身強遇比刦羊刃則禍矣。

六十　雜格要訣

子平書云。有官莫尋格局。有格局喜官星。故雜格云者。因八字中干頭無官。無煞無財。方設
法另取財官。或用冲合財官取格。或用夾拱財官取格。謂之雜格也。雖論
格局。仍以財官爲主也。其所以謂之雜者。因財官印食煞傷刦刃能成格者。亦可取格謂之
正格也。書云人之命內。總不離大財官。諸雜格中總要虛邀祿馬。此之謂也。茲分述之。

六十一　飛天祿馬格

此格因八字中無財官可用。乃用地支冲合財官之字以爲貴氣。取庚壬二日干用子字多。

　　壬子　　　　壬子　　　　壬申　　冲午中丁巳爲財官。要四柱中有寅字並未字或戌字能合
壬子式　　　　壬子　　　　辛亥　　午字爲妙大忌填實歲運同論式三四所示三子冲午寅合
壬子四　　　　壬子五　　　　癸亥六三式　　午曾尚書命也式三五所示丙財透天午字填實不能成格。
壬寅　　　　丙午　　　　壬子　　乞貧命也但此八字明有丙午爲財即不取格可以財論何
以乞貧耶。因丙午財不當令。刦刃太多故也。又有辛癸二日用亥字冲巳中丙戊爲官星要
柱中有申酉或丑字以合巳字爲妙亦忌填實式三六所示二亥冲巳中合巳冲合巳中戊
土爲癸之官曹耶中命也。

六十二 倒沖格

凡四柱中原無財官方用此格以丙日爲主用午字沖子中癸水爲丙之官忌未字合午及

丙午

癸卯

庚寅　式

丁巳　三

丙午　七

癸巳　三

乙巳

官星壞竄蔵運同論式三七所示趙知府命也又以丁日爲主用巳沖

亥中壬水爲官式三八所示巧編修命也

六十三 井欄斜义格

此格亦因桂中元無財官其取法與飛天格同蓋以申子辰斜沖寅午戌火局使

戊子

庚申　式

庚申　三

庚辰　九

無宮而有官也以庚子庚辰庚申三月爲主天干若有三庚地支申子辰金局柱

無一點火氣爲是式三九所示郭統制命也

六十四 壬騎龍背格

壬辰

甲辰　式

壬辰　〇四

壬寅

八字中元無財官日干壬水坐辰或寅以字多爲貴用辰沖戌用寅會戌冲會戌

中丁戌爲壬日之財官也辰多者貴寅多者富式四〇所示壬樞密命也

六十五　子遙巳格

凡甲子日甲子時生人柱無官星用子中癸水遙動巳中丙火丙又合出酉中辛金作甲日之官星忌柱中有金氣並申丑等字合子則不能遙矣式四一所示即為此格發

甲子
甲子　四一式
乙亥
己巳
丞相命也。

六十六　丑遙巳格

凡辛丑癸丑二日生人柱中元無官星用丑字多遙巳中丙戊為辛癸二日之官星柱中忌有子字絆丑喜申酉合巳為妙式四二所示鄭樞密命也。

戊子
辛丑　四二式
乙丑
癸丑

六十七　六陰朝陽格

凡六辛日戊子時生人柱中元無官星方用子遙巳中丙火為官星忌柱中有火氣歲運亦同式四三所示知院命也。

戊子
辛酉　四三式
辛酉
戊辰

六十八　六乙鼠貴格

凡六乙日丙子時生人。柱中元無官星方用此格用子來遙巳而巳與申合起庚金爲乙木之官星忌柱中有金氣及午字沖子卯字刑子式四四所示寳判院命也。

甲辰
戊辰式
乙亥
乙亥四
丙子

六十九　合祿格

凡六戊日庚申時生人。柱中有木氣破戊丙字破庚巳字刑申歲運亦然式四五所示黃侍郎命也又六癸日庚申時生人柱元無官乃用申時合巳中戊土爲癸之官忌戊字透及巳字刑申或丙傷庚式四六所示徐殿院命也。

庚申
戊戌六
戊戌五
癸酉
丙子四
丙子式
乙卯四
乙卯式
己未
癸酉

七十　六壬趨艮格

凡六壬日壬寅時生人柱中元無官星而寅字又多。乃用寅中甲木暗邀巳爲壬之官丙火暗合辛金爲壬之印忌午合申沖及財官塡實喜身旺地歲運亦同。

壬寅
壬寅七
壬寅式
壬寅四
壬寅
壬寅式四七所示大貴命也。

七十一　刑合格

凡六癸日甲寅時生。八柱中元無官星。乃用寅字刑出巳中戊土為癸之官。忌透土填實。及金傷甲木。歲運亦同。式四八所示十二節度使命也。

乙未
癸卯
癸卯
甲寅
癸亥

七十二　拱財格

庚戌

此格用日支與時支共拱其財。如甲寅日甲子時。虛拱丑中己土為財庫。他如乙卯日丁巳時甲午日壬申時癸酉日癸亥時。均是。要虛拱忌填實。及有牽絆害日主自旺。及旺財運。式四九所示金丞相命也。

戊子
癸酉
癸酉

七十三　襍格餘論

以上所論各襍格均以財官為主。特襍格之種類甚多。此外有以納音取格者。有以用旬取格者。有以干支之形式取格者。有以支象取格者。有以神煞取格者。為數雖多。皆出夫財官論範圍之外。本書不取也。取襍格之要訣。須八字中全無一點官煞及財星之氣。方為完全清純。但或官煞藏于干支內而不得勢。或財星雖有而根不深。亦可取襍格論。特較完全清純

者。須減分數言貴也八字中變化本多關係相連推斷之際務須拿定財官爲主腦而多方
比較其強弱或變化論之也

七十四　論女命要訣

子平論女命要訣。其八字看法喜身弱身清喜財言得令喜食神得地壽煞有制傷官生
財忌官煞混雜無制忌煞星太重身弱忌傷官太重剋夫官星忌身旺無依蓋女命以正官
爲夫星食神爲子息按中國古說夫榮子貴即爲女命中之上者守身如玉不淫不亂即爲
女命中之貞者。方可作賢妻良母也故看女命之要訣即注重女命之本身是否賢良夫子
二星是否發貴寶爲獨一無二之法門也女命貞淫之看法其一若日干太旺柱中無官無
財其二日干太弱柱中又有三四位官煞而無傷食以制伏其三日干旺得地而夫星明暗
交集官煞混雜其四日干旺而官衰食盛凡此之類皆女命之淫或賤者也或雖富貴而不
貞或爲娼爲奴矣式五○所示。乙以庚爲明夫申酉爲暗交集

庚戌
丁亥

淫不可言式五一所示戊土旺官絶食甚娼妓命也女命富貴之看法

戊子式
庚戌
戊辰一五
庚申

其一八字中純一官星又有財星生官或印綬護官定主夫貴曰二命

乙酉
○

中食神得地不逢梟奪定主子榮有三命中獨煞遇食制或正官遇傷

甲申

而有財調和亦主夫榮子貴式五二所示丙壽旺於午月癸水旺於金

癸巳
己未

戊午式
壬申式

地丙癸又不相礙夫榮子貴之命也式五三所示乙以庚爲夫得祿於

子平命術要訣

辛酉二五　乙未三五
丙申二　　甲申三

中以丁爲子。丁旺於未。坐下支神爲財以生官。夫榮子貴命也。由是可
知男女雖不同命而女命之看法。亦以財官爲主要。正與男命同論。蓋
財能生官。有官則有夫官旺則夫榮夫榮而妻自貴有夫則有子子貴而母自榮也。此外貴
衆合多桃花神煞之類。亦可參看。體天月德者吉。有驛馬咸池者淫官煞被合或比劫當權。
均主婢妾姊妹爭權傷官見煞者富無財者貧傷官見官官煞被合或身心勞役患
病但傷官多主人聰明美貌秀氣。惟性傲氣高耳。至男女合婚之法。男命帶比肩劫財重者。
必擇女命帶傷官食神重者配之。若女命帶傷官食神重者。必擇男命帶比肩劫財重者配
之。此係合婚之正理。蓋男命刦刃主尅妻女命傷食主尅夫。二者遙相抵故也。

七十五　論小兒命要訣

推小兒之命要日干有氣月令生扶。年上栽根印綬無傷財官有制七煞得化傷官遇合氣
裹中和不值刑冲破害。此則易養長壽之命如煞重身輕財多身弱傷官疊遇食神重逢日
干或旺甚無依或太柔少印氣失中和杜有刑冲破害此則難養促壽之命也。蓋小兒命大
要身旺有印生則易生災小身弱印生則難養詻官煞或羊刃傷官太旺主身多災又小兒命中
見甲主側有頂不正有胎衣遶丁偏生有雙頂乾生有依有尅刑辰復生背父易生易養者
有聲寅遲滯未吉辰有胎衣包仰生有驚論命時可參合言之至小兒雙生者陽月時兄勝
陰日時弟朡淺則占先時之氣深則占後時之氣書云凡小兒帶寅申巳亥四生多主雙生

又小兒未變大運以前以流年論其行運變大運後。與看成人命同矣。是在論命者善於活用變化言之。

七十六　論性情要訣

推八性情須就五行言之。命中水旺相則智高好色。土旺相則篤信守仁。木旺相則仁慈明敏。火旺相則性速辨明。金旺相則名高義重旺相之中。以小和爲貴。或過盈過衰。則性情變易矣。再就五行之生尅變化言之。命有正財主秀麗明敏剛道篤厚官煞混雜主人好淫作事小巧寒賤偏官主人性關少禮喜酒色好爭鬥正財一位性燥緊急二位性氣減半正財月令勤儉慳吝作事純粹形容端莊令人起敬偏財主氣不和好與作喜交遊懷慨自豪愛人趨奉好酒貪花多意外巧遇正印主多智豐身自在心慈印兼煞主胸中藏機多異路之榮正印兼食神主言語吞吐正印兼傷官不以傲論走作有權偏印主人作事有始無終之好爲非法外像和氣內實狠毒食神主人好勝不凡帶煞主作事精細帶正印主性情燥暴。帶偏印主作事草率有始無終且不貪則天也傷官主凶橫多觸法網傷官兼印主有膽識才略。招怨言以私害公傷官見官主凶傷官兼官主作事始勤終惰兼比刦主其成功多出人意外傷官兼偏煞主人性情燥暴多量狹無度性拗不馴論性情時須比較其輕重言之

七十七　論六觀要訣

子平命術要訣

六親者。父母兄弟妻子也。男命以正財爲妻偏財
爲女及子至若六親之位置則以年爲祖業月爲父母兄弟門戶日爲妻妾己身時爲子息。
須看四柱之中父母兄弟妻子星居何地論旺相休囚而言其吉凶也。分逃於後。

七十八　論父母

財爲父印爲母命中財星得位旺相。不逢有力之剋刃。而日干亦強者。主享父之福。如財臨
煞地或死絕刑冲之地。或重重剋刃剋制主剋父。或與父離與不和如財居衰敗受制之處。
墓絕之地主父平常。不得父力也。命中印綬得位旺相不逢有力之財星剋制。而日干本不
甚旺正需印綬之力者。主母賢慈。如印綬臨羊刃煞地或值絕墓孤寡主母不賢或疾病不
睦。如印綬遇重重之財星剋制主剋母或母嫁二夫。

七十九　論妻妾

正財爲妻偏財爲妾命中財星得位旺相。不逢剋刃。或剋刃與財兩不相礙。日主又值健旺
者。主妻妾賢美。如命中財星不旺剋刃勢強又無救助主剋妻妾。或主妻不正財
臨衰敗墓絕主妻有疾。不賢否則年高再嫁。財臨沐浴桃花主妻妾好淫日支坐財貪重主妻
多内助更得妻財偏財得位爲妾勝於妻正財自旺妻不容妾財多身弱妻反勝夫官敏重兒。
妻招幹盤可畏財官並美爲人怕婆見煞尤忌身旺兩旺夫妻和順月坐空亡難爲妻妾月
榮七煞家有惡婦至論人命妻妾之多少先看八字支中若有子午卯酉等字之一倘或二

三個再看八字中正財與偏財之多少。一位正財主有一妻。二位二妻偏財一位主有一妾。

二位二妾如財旺相則須加數言之財衰弱則減數言之此係難得之秘訣也大運或流年

與財作合者主其年為喜期須細詳之

八十 論兄弟

敗財比肩羊刃皆兄弟也。要在提綱之神。與財神喜神較其輕重。財官弱三者顯其攙奪之

迹兄弟亦須財官旺三者出而助主之功。兄弟必美身與財官兩平三者伏而不凶。兄弟必

貴比肩重而傷官財煞亦旺者。兄弟必富身旺而三者不顯有印兄弟必多身旺而三者又

顯無官兄弟必衰。

八十一 論子息

官煞為子息。如命中壽神即是官星。其子賢俊壽神與官星不相妬亦好、否則無子、或不肖、

或有尅然看官星又須活法。如官輕變助官煞輕身輕又須印比。無官以論財若官星阻滯、

要生扶沖發官星洩氣太重。須貪逢助若煞重身輕而無子者多女。官子息星數目多少之

歌云長生四子中旬半沐浴一雙保吉祥冠帶臨官三子位旺中五子自成行衰中二子病

中一死中至老沒兒郎除非養取他人子入墓之時命夭亡受氣為絕一個子胎中頭產有

姑媱養中三子只留一男女宮中仔細詳是也然長生論法用陽而不用陰。如甲乙日只用

庚金長生已酉丑之局而不用辛金逆數之子申辰不問甲乙總以庚為男辛為女不拘官

煞也。所以八字到手竅看子息。先看時支。如甲乙生丑。其時果係庚金何宮。或生旺。或死絕。

其多寡已有定數。然後以子星配之。如財格而時干透食官格而時干透財之類皆謂時干

有用。即使子逢死絕亦生于貴。但不甚繁耳。若又逢生旺。則麟兒繞膝不可量也。若時干不

好子透破局即逢生旺。難爲子息若又死絕無所望矣。

八十二　亥通秘訣定六親法

一白有十二時。即子丑寅卯辰巳午未申酉戌亥是也。每時分八刻。即初初刻初一刻初二

刻初三刻正初刻正一刻正二刻正三刻是也。一刻又分十五分。即一分順數至十五分是

也。現時分一日爲二十四小時。每小時分四刻。每刻十五分正。蘊用立通秘訣由生

時之刻數或每刻內之分數以定六親神奇可驗。惟此所用之時刻均爲視時須詳細定之

否則差一毫厘謬一千里矣。此法係由秘本得來。世間少傳茲特表而出之也。

第一表　每時八刻定父母兄弟法

此表之用法如某甲生于子時初初刻。則斷其父母壽兄弟多。某乙生于寅時正一刻。則

斷其母喪兄弟少餘均傲此。

定父母兄弟表

時／刻	初初刻	初一刻	初二刻	初三刻	正初刻	正一刻	正二刻	正三刻
子／父	喪	喪	喪	喪	壽	喪	喪	喪

時／刻	丑			寅			卯			辰			巳		
	父	兄弟	母	父	兄弟	母	父	兄弟	母	父	兄弟	母	父	兄弟	母
初初刻		多	壽		少	喪		壽					壽		
初一刻	壽	多	喪	壽	四五	喪	壽	四五	喪	多	喪	壽	三四		喪
初二刻	壽	少	喪	壽	四五	喪	壽	二三	喪	多	二三	壽	無		壽
初三刻	喪	多	喪	喪	四五	壽	喪	二三	喪	喪	二三	壽	四五		喪
正初刻	喪	無	喪	喪	無	壽	喪	少	喪	喪	無	壽	喪	二三	
正一刻	喪	無	壽	喪	無	喪	喪	少	喪	喪	少	壽	喪	多	
正二刻	喪	二三	壽	少	二三	喪	喪	四五	喪	壽	二三	少	喪	少	
正三刻	喪	二三	無	少	壽	喪	喪	四五	喪	壽	二三	少	喪	無	

子平命術要訣

子平命術要訣

時／刻	午		未			申		酉			戌		
	兄	母	父	弟	母	兄	母	父	弟	母	父	弟	母
初初刻	四五	壽	喪	四五	多	壽	喪	四五	喪	四五	喪	二三	父
初一刻	四五	喪	壽	一三	喪	無	喪	喪	一三	壽	喪	二三	壽
初二刻	一三	壽	喪	一三	無	壽	三	喪	壽	喪	四五	壽	喪
初三刻	一三	喪	無	無	喪	無	壽	喪	壽	四五	喪	二三	壽
正初刻	壽	無	壽	三	喪	壽	喪	三	喪	無	喪		喪
正一刻	壽	少	壽	多	喪	多	喪	喪	多	壽	少	喪	喪
正二刻	壽	三	喪	三	壽	三	喪	喪	無	喪	喪	少	壽
正三刻	壽	少	喪	三	壽	三	喪	壽	三	壽	三	多	壽

第二表　每刻十五分定男命中妻子及女命中丈夫法

時刻	初初刻	初一刻	初二刻	初三刻	正初刻	正一刻	正二刻	正三刻
母	壽	喪	喪	喪	喪	壽	壽	壽
兄弟	二三	四五	四五	二三	二三	四五	四五	一二三
亥　父	喪	喪	二三	二三	少	四五	喪	喪
母	喪	壽	壽	喪	喪	喪	壽	壽
兄弟	無	無	無	多	四五	二三	一二三	一二三

此表用法如某甲生于子時初初刻十分則斷其妻佳子二女命則斷其夫和若生于子時正初刻十分或正三刻十分均如此斷某乙生於寅時初二刻十五分或正一刻十分均斷其姜尅子少女命則斷其夫重喪即喪二夫也若生于寅時初二刻十五分或正一刻三分均斷其姜有子多女命則斷其童醮即三嫁也按重喪言喪二夫重醮言嫁三次。餘均傚此。

男命定妻子女命定丈夫法

時刻／分數	一分	二分	三分	四分	五分	六分	七分	八分	九分	十分	十一分	十二分	十三分	十四分	十五
子　男命	妻佳	妻和	妻喪	妻喪	妻有	妻賢	妻無	妻喪	妻尅	妻佳	妻續	妻強	妻有	妻續	妻有
男命	子五	子少	子四	子多	子少	子無	子多	子少	子二	子多	子三	子多	子多	子多	子無

子平命術要訣

時刻＼分數	丑 男命	丑 女命	寅 男命	寅 女命	卯 男命	卯 女命	辰 男命	辰 女命	巳 男命	巳 女命
二分	妻賢 子少	夫強 子少	妻賢 子少	夫和 子少	子一 子多	夫和 子二	夫強 子無	子三 子無	妻和 子無	子四 子無
三分	妻冠 子多	夫冠 子多	妻有 子多	夫佾 子多	妻冠 子多	夫喪 子一	再醮 子多	妻強 子多	妻有 子少	子無 子少
四分	妻賢 子無	夫佳 子無	妻冠 子無	夫與 子無	妻強 子無	夫喪 子多	妻喪 子無	夫強 子無	妻冠 子少	子少 子五
五分	妻有 子少	夫和 子少	妻佳 子三	夫無 子二	妻無 子二	夫喪 子三	夫強 子五	夫無 子四	妻佾 子少	子五
六分	妻喪 子多	夫喪 子多	妻喪 子少	夫佾 子五	妻賢 子少	再醮 子少	重醮 子多	夫和 子少	妻冠 子多	子多 子少
七分	妻有 子無	夫佾 子無	妻有 子多	夫興 子多	妻偕 子無	夫興 子多	重喪 子少	夫強 子多	妻有 子二	子多 子二
八分	妻強 子多	夫無 子多	妻賢 子無	夫有 子三	妻偕 子冠	再醮 子無	夫佳 子多	夫佳 子多	妻賢 子多	子多 子多
九分	妻喪 子無	重喪 子無	妻績 子少	夫喪 子五	妻賢 子多	夫強 子四	夫冠 子無	夫冠 子無	妻喪 子無	子無 子無
十分	妻無 子多	夫興 子多	妻無 子多	夫喪 子多	妻有 子多	夫無 子多	重醮 子多	重醮 子多	妻有 子一	子少 子一
十一分	妻績 子少	夫強 子少	妻偕 子少	夫有 子無	妻無 子無	夫無 子無	夫強 子少	夫和 子少	妻佳 子少	子多 子少
十二分	妻強 子多	夫和 子多	妻無 子多	夫與 子多	姜偕 子多	夫強 子多	重醮 子多	再醮 子多	妻績 子多	子多 子多
十三分	妻無 子無	再醮 子無	妻偕 子無	夫無 子四	妻賢 子無	夫無 子無	夫佳 子無	夫有 子一	妻喪 子三	子多 子三
十四分	妻績 子少	夫有 子少	妻和 子少	夫和 子多	妻佳 子少	夫冠 子四	再醮 子無	夫佾 子少	妻強 子無	子無
十五分	妻喪 子多	夫喪 子多	妻有 子多	夫冠 子少	妻績 子多	夫和 子多	夫喪 子多	夫喪 子多	妻績 子多	子多

四十四

戌				酉		申			未		子	
女命	男命	男命	女命	男命	女命	男命	女命	男命	男命	女命	男命	女命
重醮	子無	妾有	夫無	妻無	夫和	子無	夫喪	妻賢	妻頷	夫喪	妻有	夫佳
重喪	子少	妾冠	重喪	妾強	夫無	子多	夫興	妻有	妻喪	夫興	妻和	兼醮
夫佳	子四	妻偕	夫偕	妾有	夫和	子二	夫和	妻強	妻賢	夫和	妻強	重喪
夫冠	子少	妻冠	夫佳	妻強	夫偕	子少	夫無	妾有	妾佳	夫和	妻有	夫強
重醮	子多	妾有	夫強	妾有	夫佳	子無	夫偕	妻強	妻無	夫偕	妻佳	夫冠
夫強	子三	妻賢	夫強	妻和	夫冠	子多	夫興	妾有	妻賢	夫和	妻和	重醮
夫興	子二	妾喪	夫有	妻賢	夫興	子多	夫佳	妻和	妻強	夫興	妾有	夫和
再醮	子無	妻佳	再醮	妻賢	夫冠	子二	夫興	妻賢	妾有	再醮	妾強	夫冠
重喪	子多	再醮	重喪	妾強	夫冠	子五	夫強	妻喪	妻喪	重喪	子無	夫有
夫和	子一	妻頷	夫和		夫冠	子多	夫冠	妻佳	夫和		子少	夫偕
夫無		妻強	夫無		重醮	子無	重醮				子多	再醮
再醮			再醮			子三					子一	重冠
夫偕			夫偕								子四	夫興
												夫無
												再醮

子平命術要訣

子平命術要訣

四十六

五〇

時刻　　　亥

分數

	分	二分	三分	四分	五分	六分	七分	八分	九分	十分	十一分	十二分	十三分	十四分	十五
男命	妻有	妻和	妻剋	妻有	妻賢	妻剋	妻喪	妻佳	妻續	妻尅	妻強	妻有	妻績	妻偕	妻無
男命	子多	子五	子少	子無	子三	子多	子二	子少	子一	子無	子多	子四	子振		
女命	宜醮	央強	夫尅	夫有	夫興	夫喪	重喪	夫和	再醮	承喪	夫借	寅醮	再醮	夫世	夫無

八十三　論大運要訣

日主譬如吾身局中之神。譬之舟馬行從之人物也。大運譬之所涉之地。故重地支未嘗無
天干。太歲譬之所遇之人。故重天干。未嘗無地支。必先明一日主而後配合七字。推其輕重。
看喜行何運忌行何運。查大運之法。以本命用神爲主。如壬水命元缺金生助。則以金爲用
神。缺火發揮則以火爲用神。既爲用神最爲緊要。大抵宜生扶。不宜尅洩損用神者。欲運制
之。益用神者。欲運生之。身弱欲運行至旺鄉。身強欲運洩其燥氣。官弱再宜運生不宜
尅。煞旺者宜運制不宜運扶。財弱者宜運生扶。不宜運尅洩。食衰者宜運生不宜運傷。
生不宜運尅。總視其與命主之關係如何。更看四柱強弱如何。原有原無。原輕原重。原有官
甚弱。再行官運則發官。原有財甚弱。行財運則發財。原有災又行災運則生災。倘若日干弱而
官旺。再行官運則太過主災。宜行印運以生身。方爲吉利。行運在干。兼用地支之
行財運則太過主災。宜行比刦運以去財。或印運以助之。因官生印而財旺。再
神在支則乘天干之物。因大運重地支故也。四柱得氣深。迎運便變。得氣淺。須交過運始發。

得其中氣運至中則發。命中五行衰者運宜盛。五行盛者運宜衰。衰者復行衰運。是謂不及。
故運塞沉滯盛者復行盛運。是謂太過。故繁作成敗要歸於中而已。行運于支有別干動而
支靜干主一而支藏多。如甲用西官運逢庚。辛則為官煞混雜逢申西不作此例申為辛之
旺地辛坐申西。如府官而又掌道印也。逢二辛則官犯重。而二酉不作此例辛坐二酉。如一
府官而攝二郡也。透丁則傷官而逢午不作此例丁並巕巳土為財
也然亦有支神能作禍福者。如甲用西官逢午本未能傷。而又會寅或戍則支火因會而動。
亦能傷西官矣。又有干同一類而不兩行者。如戊生卯年巳月。而年透壬官逢丙則帮身逢丁則
合官是也。又有支同一類而不兩行者。如戊生卯年巳月逢申則自坐長生逢酉則會巳以
傷官是也。常法謂行刻財財敗財運主赶父母妻姜或破財爭闘之事。行傷官食神運主赶子
女。訟事因繁行官煞運主得名發越太過則炎病惡疾。行印綬運主吉慶增產行財運主名
利苦通然此乃死法譬喻須隨日主強弱與財官向背參合推之。妙在識其通變不可執一
也總之大運為八字所經之歷程均宜以財官為主。如八字中日干與財官之旺弱不均大
運有調和其均勢之力者。即為好運若大運助強壓弱則凶禍更大矣。又如八字中日干所
有之財或官。而被刻被傷者。大運能去刻化傷生財扶官者。亦為好運若財被刻官被傷大運
助刻助傷則禍更大矣。仔細推之無有不應。

八十四　論流年要訣

子平命理要訣　　四十八

流年又名太歲主一年之吉凶四時之禍福看流年雖取天干然其支神與他支神之互相
沖合變化亦須兼論大抵歲干傷日干有禍必輕日干犯歲干如甲日尅戊年丁日尅辛年
之類災殃必重五行有救其年反必招財四柱者情或可反凶為吉所謂五行有救者如甲
日尅戊年四柱中原者庚申金或大運中亦有金將甲木日主制伏使之不尅戊土太歲是
也所謂四柱者情者如甲日尅戊年大運或四柱中有一癸字與戊大歲相合或有巳字合
甲日主亦解之是也若有救有情二字俱全其年反凶為吉有一字者凶半二字俱無凶莫
能解主其年凶喪尅妻妾及破財是非犯上之悔加以空亡咸池羊刃諸煞併臨禍患百出
若太歲與日干天沖地尅或天比地沖均主不吉至若太歲尅生時或生時尅太歲亦主有
災却以子位斷之又日主與財官之強弱關係太歲亦有左右之權尤須較量細論也

八十五　歲運互看法

大運與流年二者相為表裏乃人命禍福死生所係用天元運用地支凡行好運而日干
傷流年天元為禍輕若行不好運及脫財官運而日干傷歲干為禍重若是巳發之命禍患
立至凡行不好運未可更言絕衰大要知巳發未發其氣運巳過未過言之大運不宜與太
歲相尅相沖更刑沖相尅運者亦忌歲沖尅運者吉運尅歲者凶格局不吉死者歲運相生者
吉歲馬貴人合交互者亦吉宜仔細推之

八十六　論命運賞賤吉凶要訣

窺通命也星學家以人之年月日時所生謂之命蓋與天賦之命其揆一也故人之富貴貧
賤吉凶壽夭均於命中可以推知之顧其推論之理與其推測之法為範甚多非細究其奧
妙窮之以實驗殊難斷其正准也茲就滴天髓述之。

富　財旺身旺官星衛財忌印而財能壞印喜印而財能生官傷官重而財神重。財神重而
傷官有限無財而暗成財局財露而傷官亦露者此皆財氣通門戶所以富也。夫論財
與論妻之法可相通也然有妻賢而財薄者亦有財富而妻傷者看刑冲會合但財神
清而身旺者妻美財濁而身旺者家富。

貴　官旺身旺而印衛官忌劫而官能制劫。喜印而官能生印財星旺而官星通達官星旺
而財神有氣無官而暗生官局官星藏而財神亦藏者此皆官星有理會所以貴也。論
官與論子之法可相通也然有子多而無官者而顯身而無子者亦看刑冲會合但官
星清而身旺必主多子。至於得象得氣得局得格者妻子富貴俱全。

貧　財神不真而官能生印財輕官重傷重印輕財重劫輕皆為財神不真
也若中有一位清氣則不賤矣。

賤　官星不見不但失令被傷財輕官重財重無官官重無印皆是官星不見。若
中有一位濁氣不貧亦賤至於用神無力忌神太過敵不受降助旺欺弱主從失宜。及
歲運不輔者既貧且賤。

子平命術要訣

吉
柱中所喜之神。左右始終皆得其力者必吉。然大勢平順。內體堅厚主從得宜繼有一
二忌神來攻擊日主亦不爲凶驚之國內安和不慾外寇。
財神與用神無力不過無所發達而己。不帶刑凶至於忌神太多。或刑或冲歲運助之。

凶
相爲攻擊局內無備禦之神又無主從必主刑傷破敗。且犯罪受難到老不吉。
靜者壽柱中無冲無合無缺無貪則性定矣。元氣厚者不特精氣神氣全而官星不絕。

壽
財神不滅傷官有氣身弱印輕提綱輔主用神有力時上生根運無絕地皆是元神厚
處細究之大率甲乙寅卯之氣不遇冲戰洩氣偏旺浮泛而安頓得所者必壽木屬仁。
仁者壽每每有驗故敢施之於筆若貧賤之人而亦有壽以其得氣僅一個身旺或身

殀
弱而進行生地小小與他衣食不缺可矣。
氣氣濁神枯之命極易看印綬太旺日主無着落財煞太旺日主無依倚喜神與忌神雜
戰四柱與行運反冲絕而不和靜而不專濕而不滯燥而不鬱精流氣洩皆謂殀人也。

八十七　立通秘訣定命運貴賤吉凶法
立通秘訣論人命運以富貴貧賤壽夭困亨八法取五行生剋強弱斷之以日干爲主論木
不分甲乙論火不分丙丁。如甲乙木日主旺而逢厚土。或日主衰而逢盛木均爲富命是也
餘均倣此列表如下。

富
甲乙木日主旺逢厚土　　丙丁火日主旺逢強金　　戊己土日主旺逢活水

貴

甲乙木日主衰逢盛木　　丙丁火日主衰逢旺火　　戊己土日主衰逢厚土
庚辛金日主旺逢旺木　　壬癸水日主旺逢烈火　　秘　主旺逢財必富
庚辛金日主衰逢強金　　壬癸水日主旺逢大水　　訣　主衰逢旺比必富

富

甲乙木日主旺逢剛金　　丙丁火日主旺逢盛水　　戊己土日主衰逢盛火
甲乙木日主旺逢烈火　　丙丁火日主旺逢厚土　　秘　主旺逢官旺必貴
甲乙木日主衰逢旺水　　丙丁火日主旺逢旺　　　訣　主衰逢印強必貴

賤

庚辛金日主旺逢厚土　　壬癸水日主衰逢旺水　　戊己土日主衰逢旺傷主賤
甲乙木日主旺逢大水　　丙丁火日主旺逢厚土　　秘　主衰逢比刼必貧
庚辛金日主旺逢大水　　壬癸水日主衰逢盛木　　訣　主旺逢印主賤

壽

甲乙木日主旺逢火　　丙丁火日主旺逢土　　戊己土日主旺逢剛金

子平命術要訣

天

甲乙木日主衰逢水　丙丁火日主衰逢木　戊己土日主衰逢火

庚辛金日主旺逢水　壬癸水日主旺逢金　戊己土日主旺逢傷食主壽　秘

庚辛金日主旺逢土　壬癸水日主旺逢火　戊己土日主旺逢印綬主壽　訣

甲乙木日主旺逢盛土　丙丁火日主旺逢旺火　戊己土日主旺逢厚土

甲乙木日主旺逢剛金　壬癸水日主衰逢大水　戊己土日主衰逢盛木

困

甲乙木日主衰逢強金　丙丁火日主衰逢大水　戊己土日主衰逢水

庚辛金日主旺逢剛金　壬癸水日主旺逢大水　戊己土日主旺逢強比必夭　秘

庚辛金日主衰逢烈火　壬癸水日主衰逢厚土　戊己土日主衰逢旺煞必夭　訣

甲乙木日主旺逢水　丙丁火日主旺逢旺木　戊己土日主旺逢木

甲乙木日主旺逢金　丙丁火日主旺逢水　戊己土日主旺逢木

甲乙木日主衰逢木　丙丁火日主衰逢火　戊己土日主衰逢火

亨

庚辛金日主旺逢火　壬癸水日主旺逢土　戊己土日主旺逢官煞必亨　秘

庚辛金日主衰逢金　壬癸水日主衰逢水　戊己土日主衰逢比刧必亨　訣

八十八　崖泉男命賦

五六

五十二

凡觀男命。先觀日主之盛衰。次察財官之強弱。日主旺。財官得地。一生福祿優遊。日主衰。財官敗絕。一世貧窮到老。日主旺而財官衰。遇財官發福。財官旺而日主弱。運行身旺馳名。財旺官衰。不可以官柔而言不貴。官旺財絕。縱貴也不顯榮。財星入庫。逢冲家資漸退。四柱純財正氣。遇刑冲貴而不久。官若有冲還有合。頭角崢嶸。庫逢冲破再逢冲。家資漸退。財官俱身更旺。不貴即當大富。官入墓。非損子即傷妻。財官背臨敗絕。竟獨貧寒。妻妾帶財官俱值於空亡。中途子喪妻傷。奔走仕途。少得傷官就祿。財星乘令支中。早配豪門淑女。官星得祿日時。定生折桂賢郎。月令財居絕地。妻無內助之賢。時上官星無氣。有子不能跨灶。傷官羊刃日時。莊子鼓盆之歎。丙辛遞入酉時。他日何人掃墓。財星帶合日干衰。外春風而內懷奸詐。陽木金多無火制。性剛暴而凶惡之徒。印旺財輕身弱。官少身弱。錦心繡口之八。財多印輕身又弱有學寒酸之聲。身弱財多。偏聽內語。官少身弱。一子傳芳。財官俱敗。年少難行生地相逢。壯年不祿。學海奔波非縣佐也。只是儒官。財多殺重。富家榮幹之人。印破財傷。少逢青雲之志。印旺一見財鄉。自然家肥屋潤。印輕行財運。俄然夢入南柯。印重財被刼。嚴慈重拜北堂。印旺尊常印相生。身旺功名顯達。印破財輕。兄弟強弱陰盛陽衰。弟必強兄。羊刃刼財財疊疊。花燭重輝之事。柱中殺印相生身旺。功名顯達。印旺殺輕。馳身定享科名。羊刃七殺有定居武將帶殺魁罡逢冲。性高強而生殺之權。羊刃七殺交加。守邊城軍民受惠。七殺有制化有權。定產麒麟之子。金多殺少。身柔子少而性無發越。傷官入墓。要分陰陽。傷官入

子平命術要訣

墓地老天荒陰傷官入墓有病無妨傷官若見四柱有子雖繼書香大運倘得入財鄉麒角

麟毛可寶金水傷官得令五經魁首文章火土水木傷官恃已凌人傲物火明木秀日主強

定作狀元郎傷官身旺若逢財身到鳳凰台傷官身弱見傷官平地起風波傷官運著見刑

冲一夢入幽冥羊刃殺敵黃金榜上定標名傷官有情來合煞金榜標名定是眞夫年論妻

災何處看財星受魁淺深看印星受傷輕重癸用庚金爲印星乙庚暗合定

然母氏心邪庚用乙木作財星重見庚辛必主室人內亂戊用癸妻坐亥酉妻主好色而好

酒巳用甲官子午時縱然有子損而危倒冲格井欄义有財位居台閣甲趨乾壬趨艮身旺

乃傳庭之相拱祿賞夾丘卿無塡實爲廊廟之人金木交加身更弱爲技藝而招惹是非木

火遞互帶魁罡犯刑名而多遭圇圄羊刃傷官逢冲戰性凶惡而與人少合水多木少又身

柔性飄蓬而五湖四海翠羊妬合一陰如楚漢爭鋒之象諸陰爭合于陽不過蛙黽嗚噪逢

冲則凶有合反吉有合則吉妬合反凶甲乙生逢寅卯辰爲仁壽見坎地多著登榮丙丁局

全寅午戌位重權高逢水鄉坎離交媾戊巳局金辰戌火運始許飛騰壬日全逢申子辰從

潤下見財地榮登仕路辛日子時辰喜見酉方弱而有救壬癸生申亥子志識多能行

運火土鄉名蓋當朝甲日亥月見離壽促乙日卯提官鄉發祿卯字提綱到乾宮歸寄兩途

丙子寅月逢坤兌火不西行丁日酉提到艮方明無不滅壬水亥月到震方子旺母衰陰水

運坤申山土重露珠乾燥陰水運到巽方木被罡風吹折到離位烟滅灰飛陽土陽金陽火

逢坎地總入幽冥。木陰金陰水到離與居安不處危。壬癸耗在北方。無土制定損瀟瀟戊
日寅提見酉申十死一生巳巳酉月到寅宮少全安逸辛逢巽地少樂多憂。

八十九 女命賦

凡觀女命要身弱正氣官星要得祿有財無煞混官星定配賢良富貴族無官便要看財星
財旺生官富貴真食神祿旺有財星子賞夫榮理最明食神祿旺財官養子貴夫愚無所託
財官敗絕食神衰夫榮子懦無所依財官得祿食神強因子因夫紫誥章食神入墓子必損
官星入墓夫先亡食神重見在中央早年父母後先傷縱然螯螯絲斯羽廕綿綿也難登
干支官食落空亡後嗣艮人命不長日時辰戌兩相冲既取偏房獨守空雖有子息難登第
百歲光陰不善終金水傷官柱內逢其人如玉貌玲瓏有財帶印隨夫貴淑喜幽閑主饋中
傷官太旺若無財一對鴛鴦兩拆開于頭戊己土重重心內玲瓏無發達于午卯酉號桃花
官帶桃花福祿誇煞帶桃花貧且賤為娼為妓走天涯柱中梟食並傷官子死夫亡是兩端
梟食傷官女命嫌財食官印女命喜梟食傷官運見財決然有子不須猜支中財官印綬多
非淫即賤損兒廬發癸日生人用戊官少年定嫁白頭郎若還亥酉支中見好飲花中約夜郎
干支暗合貴人多盡眉咬指笑呵呵支內暗藏官帶合定然有寵在偏房擇婦沈靜要純和
綮理詳明不用多識得崖泉如鏡賦萬卷千秋永不磨

九十 萬尚書瓊璣三盤賦

官星帶刃。掌萬將之威權印綬生身。居三台之重位。傷官有刃。將相公侯印綬逢官。早沾雨

露官無刃而有印。非台憲之職必郡守之尊。殺有制而無梟。非廊殺之權即兵刑之任。財氣

遇正官聲價遠馳於六國。食神帶七煞英雄獨壓於萬人。印刃相隨官高極品。財星正立位

步超羣殺刃休囚祿薄官卑之士。財神無氣朝封夕貶之官。正印月逢官居翰苑偏財時見。

位列皇朝祿高有玉佐之才。班馬有封侯之體名標金榜。蓋緣六格清純身近龍顏以為四

柱不濁木向春生遇金制必為宰輔之臣。火當夏令得水滋定作阿衡之任。秋金宜火以煅

煉膏紫誥以治民冬水得士以隄防。調金門而進諫寅申巳亥兼全位至三公之列子午卯

酉全備職封一品之官二德俱全為官清正三奇均正終能濟世安邦七煞專權自解調元

贊化科甲之星不陷青年及第登科催官之曜俱強。指日攀龍附鳳官星印旺獨居一代之

功名殺制刃興主掌滿營之兵卒若是用神輕淺決為更卒卑官。偷逢命脈遭傷須要乞骸

避位用財無此刧治邦振廉介之稱用食絕梟神在位有得人之譽。若先財而後印居官一

歲一旣儻先印而後財入試許百發百中金多無火功名蹭蹬之儒。

士火明木秀斯人必貴經魁金水極清此輩擬登甲第金逢火煉早步金階木得金裁廊廟

輔宰食神制煞遂十年燈火之光。刃輔傷官際一旦風雲之會格局無官相雜人知膝佩金

魚祿多有印扶職位定登台鼎干透財印雙美中年身到鳳凰池支藏祿馬爾令壯歲首

登龍虎榜時上食神騎祿馬斯人埀手掇印名財官一位狀元一舉無疑身殺兩停料饒雨

途有分官印無刃無殺職居翰苑之清偏官有制有生威鎮藩垣之士。列金階而陳大詐緣柱中金水相涵登玉殿以進忠言值命內水火相照。金馬文章青印輔明於歲月玉堂翰職。財殺不黨於提剛六壬趨艮財印早步青雲。六甲趨乾無破冲捷登黃甲。飛天祿馬少壯冠場。拱祿無傷早歲跨灶衣紫腰金財輔官旺歲德扶官扶馬許君早拜金階日辰夾貴夾財准擬榮登仕路子丑遙合己窠是一羣成名之輩二德配宮額周勃當時入相兩干不雜效。相如昔日題橋壬日弱龍入仕擁旗喝道乙午見鼠讀書有封誥臨門居邦食祿萬鍾得祿與其合祿入相為官一品正官不離偏官用物清純為德秀之名行運順平作青雲之容。時癸日合官為折桂之人癸日寅時刑合作探花之容庚日三合水局貴冠諸儒時逢一位偏官名揚萬里金神帶印內閣股肱祿馬同鄉當朝柱名貴人出色金水涵清賞命傷官風霜滿路柑合相生男子定登將相無冲無破女人必配儒臣論命知貴賤之殊察理要中和之氣江湖星士請鑑于斯。

九十一　相心賦

人居六合心相五行。欲曉一生辨形緣性官星愷悌。賞氣軒昂。印綬多主智慧。豐身更且心慈。食神善能飲食體厚而好謳歌。偏官七煞勢壓三公。喜酒色而偏爭好鬥。愛軒昂而扶弱欺强。性情如虎臬印當權使心機而始勤終情好學藝而多學少成。偏印割刃出祖離家外象謙和尚義內心狠毒無知。有刻剝之意無慈惠之心偏正財露輕財好義愛人

子平命術要訣

趨奉。好說是非嗜酒貪花亦係如此傷官傷靈多藝多能。使心機而傲物氣高多詭詐而偽人志大權高骨俊眼心眉粗日德心善身穩厚而作事慈祥魁星性嚴有操持而為人聰敏金神貴格火地奇哉有剛斷明敏之才無刻薄欺瞞之意五陰會局為人佛口蛇心二德印生作事施恩佈德火炎土燥必壁攜而好禮水清兌下主言悟而施仁彙合如然失時返此。事則舉其大略。須要察其細微欲識性情學者用心於此。

子平命術要訣終

正誤表

頁	行	第幾字	誤	正
五	七	十八	士	已
五	二	十七	乙	己
十二	十二	十六	並	未
十六	六	十	卯	酉
二五	五	二一	辟	弁
二六	四	二六	而	爲
三三	三	二一	造	遇
三八	二	二五	兩	財
三九	四	十六	須	強
三九	三	二十	官	若
四七	十二	十九	。	刻
四八	八	二九	年	月
四八	三	二八	者	有
四八	四	二九	者	有
四八	五	廿九及卅	者	有
四八	十九		死者	死有
四九	十		而	有

中華民國十六年六月初版

子平命術要訣一冊

定價大洋二元

著述者　　衡陽鄒文耀

發行者　　衡陽鄒文耀

代印者　　永華印刷局
　　　　　宣外西茶食胡同
　　　　　電話南局四九一八

發行所　　北京西四受璧胡同四十一號
　　　　　各書局代售

知命篇

自序

聖人有言・不知命者無以爲君子・古今賢達安命・此儒者所當知也

・昔周之姜尚・漢之張良・蜀之孔明・皆知命理之流・盛世則出仕

・亂世則隱居・知命之可貴・則出治國・若能格知命之不可爲・則

終身隱卜於市・古之賢者・皆通此理・雖前賢之可考・其後賢之不

者恒多・天下之大・無所不有・則干之孤陋寡聞・將命理一道・訪

諸高友於四海之內・以博知命君子一粲・

民國丁卯年正月安吳胡仲言隨緣子自序於養心室

序

論四柱

凡年月日時為四柱。以年為祖。月為父母。日為本身。時為子息。以日干為用。為主。以提綱論衰旺。發者扶之。旺者洩之。先以春夏秋冬論衰旺。再以月令而配寅卯屬木。辰屬土。巳午屬火。未屬土。申酉屬金。亥子屬水。丑屬土。四柱者。時之所積也。積時而成日。積日而成月。積月而成歲。如一天十二時。為一日。三百六十時。為一月。十二月為一歲。三十年為一世。即三百六十月。六十年。約為七百二十月。為一花甲。其中有閏年。閏月。閏日。中曆閏月。西曆閏日。但閏年為化甲所管。須待一千二百年之後。方閏十六年。其實上兩紀內。閏二年。中兩紀不閏。下一紀閏一年。一花甲之中。有三閏年。故一千二百年之後。應閏六十年。暴宿符將。方可過宮。為一週天。三才之一大轉也。但所閏六十年。又有閏中閏。以六十年閏三年計之。則為一千二百六十三年。屬一時。子丑天地初開。得二千五百二十六年。寅至

韜命篇

二

亥十時・得一萬二千六百三十年・共計一萬五千一百五十六年・將此閏中閏之

三十六年・閏在月日之內・方合易策之數・實只一萬五千一百二十年也・若鐵

冠道人數・爲一萬五千二百七十刻數・出乎易理乾坤之策・二千五百二十・四

象計之・則爲五千另四十・以三元計之・則爲一萬五千一百二十・再加閏刻一

百五十・得一萬五千二百七十刻數・如六十年閏三年・以五百年計之・應閏刻

一百五十之數也・故配五百年爲一運・以甲子行八卦・六十年計之・得六捌四

百八十年・又配百年一運・五運五百年・以十年配八卦之八十年・皆少二十年

・若以二花甲計之・得一百二十年・是故先賢推的・以二十年爲一運・三運得

六十年・九運一百八十年・將此運配在八卦九星之上・及易策之數・均皆相合

・如一百二十六運・合二千五百二十之數・一運得七千二百日・爲七百二十子

息・二運得坤策一百四十四數・三運得乾策二百一十六數・必須由大化小・化出

二年爲一運・一年爲一片・所以邵子詩云・三十六宮都是春・卽此義也・百年

知命篇

為乾坤合策之數，五十年為半數之運，六十年為花甲之運，三十年為一世之運，必須以小運而推大，大數而化小，所以聖人云，雖百世可知也，通易者，則無所不知之意也，其算命之四柱，非作算命一道而論，世間萬事萬物，皆是此用，如子評大運，以節令為主，命宮以中氣為根，談子評者，要分一時為一百二十分，上四十分，中四十分，下四十分，則為三命，談命宮者，亦分一時為一百二十分，要推到准的，一百二十分中之一分，在星宿之幾度，方為准的，其一天十二時，一時得一百二十分，以一時計算，得有七千二百杪子息之多，為一時之一週，以十分，為配時中之一時，用五虎遁，再推十二數，如甲子時，上十分為甲子之十分，次十分為乙丑，輪流至乙亥止，再十分中，所配之甲子六百杪，一刻天數五歸之，則得一百二十數，以地數五乘之，則為六百杪，應配五十杪之甲子干支，推到准的之分杪，則人之窮通壽夭，無不應驗，但天道無窮，大德延年，大惡減算，則非我之所能言也，如人命一天十二時，一年即四千三百

知命篇

百二十命・以六十花甲計之・則得二十五萬九千二百命・方合易理・乾坤之策

・二千五百二十之數・及七十二子息之數也・將此二十五萬九千二百之數・以

三六歸之・得七十二・以七十二歸之・得三十六・其六十年花甲・可對年上起

月・如對日・必須一千二百六十年・方可相對・或一千二百六十日・亦可相對

・其一千二百六十之數者・是三才五行七星九曜之一轉也・以六歸之・得二千

一百之數・為三個七星・以七歸之・得一千八百之數・為兩個九星・所以天地

行氣・以五行七星九曜作緯・以六甲干支作經・是謂空中行氣之經緯也・習此

道者・必須熟讀易經・能知易理之策・有一策即有一數者・方可談天理・談地

球・之流者矣・三千年為一會・五百年為一劫・五六得三十之數・三五得十五

之數・九六亦得十五之數・乾卦上九・坤卦上六・卦者數也・數與數相會・即

金木水火土之相會・數之五行在河洛・細心求之・或可領悟二三也

論春木其性仁

四

正月寅陽木當令・身旺喜金尅火洩・身弱喜地支所藏之水生扶・二月卯陰木當令・身旺喜金尅火洩・身弱喜天干之水生扶・三月辰陽土當令・身旺喜金尅洩・身弱喜天干扶助・以地支為用・天干次之・其春季二木一土・各得其用・寅屬人元之木・卯屬天元之木・辰屬地元之土・雖屬春令・其用法有三・又歸春令所管・以用為重・管所輕也・如戊辰月生人・庚金日元・則要作身旺而斷・非作春令而論・辰月為春令之木庫・以土為用也・

論夏火其性禮

四月巳陰火當令・身旺喜尅洩・身弱喜扶助・宜天干為用・五月午陽火當令・身旺喜尅洩・身弱喜扶助・宜地支所藏為用・六月未陰土當令・身旺喜尅洩・身弱喜扶助・宜天干為用・其夏季二火一土・各得其用・巳屬人元之火・午屬天元之火・未屬地元之土・雖屬夏令・其用法有三・又歸夏令所管・以用為重・管所輕也・如未月當作土論・而為火庫也・

論秋金其性義

七月申陽金當令．身旺喜尅洩．身弱喜相扶．宜地支為用．八月酉陰金當令．身旺喜尅洩．身弱喜相扶．宜天干為用．九月戌陽土當令．身旺喜尅洩．身弱喜相扶．宜地支為用．其秋季二金一土．各得其用．申屬人元之金．西屬天元之金．戌屬地元之土．雖屬秋令．其用法有三．又歸秋令所管．以用為重．管所輕也．如戌月當作土論．而為金庫也。

論冬水其性智

十月亥陰水當令．身旺喜尅洩．身弱喜相扶．宜天干為用．冬月子陽水當令．身旺喜尅洩．身弱喜相扶．宜地支為用．臘月丑陰土當令．身旺喜尅洩．身弱喜相扶．宜天干為用．其冬季二水一土．各得其用．亥屬人元之水．子屬天元之水．丑屬地元之土．雖屬冬令．其用法有三．又歸冬令所管．以用為重．管所輕也．如丑月當作土論．而為水庫也．

論四季月其性信

辰月之土木庫・喜四柱中財歸木庫・必清貴之人・未月之土火庫・喜財歸火庫・必好禮鉅富之人・戌月之土金庫・喜財歸金庫・必好義穩重之人・丑月之土水庫・喜財歸水庫・必好動經營之人・古人配土而爲信・無信則無庫・無庫則無歸縮之期・五行混雜・淆亂是非・故聖人以土而配信者・實天理之自然也・

論十干

甲陽木・乙陰木・丙陽火・丁陰火・戊陽土・己陰土・庚陽金・辛陰金・壬陽水・癸陰水・即一二三四五・六七八九十・一甲與六己相合・從己而化土・二乙與七庚相合・從庚而化金・三丙與八辛相合・從合而化水・因金至少陰而化陽・故辛金而化水也・四丁與九壬相合・從合而化木・因水至少陽而化陰・故壬水而化人元木也・五戊與十癸相合・從合而化火・因水至老陽之十數・十者一也・而化先天之火・故癸水而化火也・甲己乙庚・丙辛丁壬戊癸

‧後天之化‧甲子配天‧乙丑配地‧故為先天‧屬靜之體‧丙寅丁卯戊辰‧配

後天屬動之用‧故為後天也‧

論十二地支

子陽水‧丑陰土‧寅陽木‧卯陰木‧辰陽土‧巳陰火‧午陽火‧未陰土‧申陽

金‧酉陰金‧戌陽土‧亥陰水‧即一二三四五‧六七八九十‧十一‧十二‧一

子與二丑相合‧而化土‧從丑而化土‧三寅與十二亥合‧從合而化存令之木‧

而亥亦變木‧四卯與十一戌相合‧從合而化火‧而戌亦變火‧七午與八未相合‧

‧從木而化土‧五辰與十四酉相合‧辰水生酉金‧從酉而化金‧六巳與九申相合

‧巳金生申水‧從合而化水‧而申亦變水‧子丑先天之化‧為一化二‧寅亥後

天之化‧為三化二‧卯戌為太極之化‧為四化一‧午未為先天對宮之化‧為七

化八‧辰酉為天罡之化‧為五化十‧巳申為少陽之化‧為六化九‧地支雖有十

二‧寅只九數‧十從後天之一‧十一從先天之一‧十二從先天之二‧其先天子

丑一合・卽子天與丑地而相會・天地相會・卽日月之交會也・所以建寅月・中

氣過宮・以亥爲天將・天將卽太陽是也・寅亥一合生萬物之玄關也・

論祿神

甲祿到寅・甲子木・生丙寅之丙火祿・乙祿到卯・乙木・生丁卯之丁火祿・丙

戊祿在巳・丙火・生己巳之巳土祿・戊土・生地支巳巳之巳金祿・庚祿居申・

庚金・生壬申之壬水祿・辛祿到酉・辛金・生癸酉之癸水祿・壬祿到亥・壬水

・生乙亥之乙木祿・癸祿到子・癸水・生甲木之甲祿・丁巳祿在午・丁陰火從

化・而生庚地支之午火祿・己土・生庚午之庚金祿・此爲一紀之論也・若丙

子紀・則又爲丙火・生戊寅之戊土祿・戊子紀・則又爲戊土・生庚寅之庚金祿

・戊子紀內・如庚祿居申・並非眞祿・申宮之丙申火・來尅庚金・不爲眞祿・

必須以壬辰爲眞祿・習此道者・須知變化而期・不可執一而斷・細心悟之可

也・

知命篇

論貴人

先賢論貴人之法・此是彼非・莫衷一是・愚考之奇門・六壬諸法・各有其理・

如奇門分陰陽二貴・以亥支加正時・查貴人所落陰陽二支・再分陰陽順逆・以

亥巳分陰陽二貴・自亥至辰爲陽貴・自巳至戌爲陰貴・六壬际斯・論日川陽貴

・夜用陰貴・以甲戊兼牛羊・而配七百二十課・此理確當・但論六壬天將・以

一六・二七・三八・四九・過將・有失其理也・天將當以中氣爲主・中氣過將

・確爲至論・查六壬課・最重貴人・六壬大全・論甲戊庚牛羊・六辛逢馬虎・

此法不可宗之・按地球東半球・西半球・向東屬日・向西屬夜・其貴人得天氣

之自然而然・如日當用自亥至辰之陽貴人順行・而夜當用自巳至戌之陰貴人逆

行・以甲戊兼牛羊・乙巳鼠猴鄉・丙丁鷄猪位・壬癸兔蛇藏・庚辛逢虎馬・此

是貴人方・最爲的確・如子評・當以日干起時之貴爲的・如逢年月之貴・亦必

須川五虎遁・推的方准・如甲子日主・乙丑辛未爲眞貴・餘者爲假・其辰戌爲

天罡地戶・貴人之所不臨・六壬大全・論之甚當・其奇門遁甲之法・乙丙丁三

奇・即貴人發始之源・如奇門順佈六甲・逆佈三奇・此爲倒亂・必須順佈六甲

・順佈三奇・方合陽儀之法・如甲子日・坎宮甲子戌・坤宮甲申

庚・巽宮甲午辛・中宮甲辰壬・乾宮甲寅癸・七宮乙奇・八宮丙奇・九宮丁奇

・再以坎卦起甲子時・乙丑坤・丙寅震・丁卯巽・戊辰中・己巳乾・庚午兌・

合乙奇・辛未艮・合丙奇・壬申離・合丁奇・此即貴人之發始也・但奇門之法

・陽儀順行九宮・逆佈八門・陰儀逆行九宮・順佈八門・此道最難・推詳不易

・非經神授・切莫猜詳・所論貴人之源・略舉一二・故稱貴人之名・曰天乙貴

人・即此義也・

論三合

寅午戌化火・由寅木而生午火・午火而生戌土・在卦中成能作火論・故從戌而

化火・申子辰化水・由申金而生子水，子水而生辰木・辰土在卦中可作水論・

故從辰而化水。亥卯未化木。由亥水生卯木。卦中亥水可作木論。卯木尅未土

。將未土尅化而從卯木。巳酉丑金局。巳火尅酉金。卦中巳火可作金論。得丑

土生之。將巳火丑土。變化而從酉金。如祿神中。丙戌祿在巳。丁巳祿在午。

一干一支。同祿一宮。須知變化。則可以談理氣。論子評矣。

論長生

甲木長生在亥。為亥水生甲木。屬陽順行。乙木長生在午。為乙木生午火火。屬

陰逆行。巳過地支六支。為十二支之牛。故逆行。丙火長生在寅。為寅木生丙

火。屬陽順行。丁火長生在酉。為丁火尅酉金。屬陰火逆行。戊土長生在寅。

為寅木尅戊土。屬陽順行。巳土長生在酉。為巳土生酉金。屬陰逆行。庚金長

生在巳。為巳火尅庚金。屬陽順行。辛金長生在子。為辛金生子水。屬陰逆行

。壬水長生在申。為壬水生申金。屬陽順行。癸水長生在卯。為癸水生卯木。

屬陰逆行。皆隔六支。其所以隔六支者。甲木為陽。為日為東。乙木為陰。為

知命書

夜為酉．過地獄一半之數故也．其五行長生．火土長生在寅．水長生在申．金
長生在巳．木長生在亥．即寅申巳亥．人元起長生之一法．此川對宮．而起長
生．火在寅．而水在申．金在巳．而木在亥．亦為天地干支之牛．如寅屬火為
春．而申屬水為秋．巳屬金為夏．而亥屬木為冬．此為四季之長生也．

論月建

月建者．提綱也．如正月建寅．立春即以寅日為建．日與月令同旺之故．其寅
建．卯除．辰滿．巳平．午定．未執．申破．酉危．戌成．亥收．子開．丑閉
．為建日之地盤．若奇門以天盤而用．有一課極易．能避凶化吉．却與年支不
可冲犯．缺日用神支上加月建．建除滿平一順流．除定危開為四戶．此方有難
可逃去．如正月建寅．子時間課．即在子宮起建．丑方除戶．得北方水．生卯
木之吉．辰方定戶．得東方木．生午火之吉．未方危戶．得坤土生西金之吉．
成方開戶．得乾金生子水之吉．倘有急難．即起一課．能可逢凶化吉也．

長生斷子法

長生四子中旬半．沐浴一雙保吉祥．冠帶臨官三子位．旺中有子自成行．衰中

二子病中一．死中至老沒兒耶．除非券取他人子．入墓之時並夭亡．受氣爲絕

一個子．胎中頭胎是姑娘．養中三子只留一．男女宮中仔細詳．如甲子日．庚

午時生人．甲木長生在亥．死於午．生於此時者．必至老沒兒耶．以此推之．

無有不應驗者矣．

論星宿

角亢氐房心尾箕．斗牛女虛危室壁．奎婁胃昴畢觜參．井鬼柳星張翼軫．卽木

金土日月火水之五行．日屬火．月屬水．此五行爲一週天．須一千二百六十日．

方可歸位．推星宿時中之分秒者．必以此五行爲主也．西屑以房虛昴星．爲星

期日．此四宿所值者屬太陽．中曆起太陽者．必要此宿到宮．方爲真太陽．萬

事皆吉．習此道者．必須熟讀皇極經．方可略知一二也．

論日主

凡春月甲乙生人・當身旺・丙丁亦同・如天干月令有尅洩・則又當別論・如庚寅月生人・甲日主受尅・則不能爲旺・必須以水爲用神・夏月戊己生人・當身旺・丙丁亦同・如天干有尅洩者・則又當別論・如壬午月生人・戊日主受洩・則不能爲旺・必須以火爲用神・洩壬氣而生戊土・秋月壬癸生人・當身旺・庚辛亦同・如天干有尅洩者・則又當別論・如丁酉月生人・壬日主受洩・必須以水爲用神・生丁壬所化之木・爲棄命從合格・冬月甲乙生人・乙日主受尅・必須以水爲用神・而洩乙庚化金之氣・培木爲主也・四季月戊己生人・當身旺・庚辛亦同・如天干有尅洩者・則又當別論・如壬辰月戊日主受洩・必須以火爲用神・生戊土・而洩壬氣・以上所論日主・必須四柱兼看・有太歲相扶者・雖弱不忌・旺者喜尅洩・衰者喜生扶・所謂太過者損之斯成・不及者益之則利・

焉幾可得中庸之道矣。

論大運

凡起大運。以月建為主。以節令為主。所以五年一運。行過者為花落。至十二運。必有一冲提綱者。花甲一週也。亦能用中氣行運者。二年半一運。三十年冲提。究不適於中和之道。運冲四柱支者。為反吟運。運與四柱干支相同者。為伏吟運。若有此運。皆不謂吉。以三天為一年。三十六時之數故也。必須推准三十六時足數。方為一年。以一時作十天。如一天交節。則為四個月行運。如已過節。當作下月推算。陽男陰女順行。陰男陽女逆行。順行者。數未來節令。逆行者。數已過節令。用節不用氣。以三天為一年之故。如用氣。則以一天半為一年也。不用氣之故在此。古人以三天為一年。時之所積非三十日積月。不能推提綱大運干支流行之故也。東半球之命。當作此推。如西半球之命。則作氣推。西半球以氣為節。以節為氣。

後於東半球・一日之故耳・

論命宮

凡命宮・以中氣過將為主・逆行月建・至生月止・順行生時・遇卯時止・正月寅與亥合・寅順行為月建・亥逆行為天將・此為日月交會也。如四月生人已時・在子宮起正月・逆行四月在酉・再在酉上加已時順行・到未宮遇卯・即安命未宮・如過中氣・則在午宮也・

論合婚

夫合婚者・合用神也・男女命四柱同看・損者益之・益者損之・或合三奇格・或合從化格・甲已化土之類・或合三合格・申子辰之類・或合官星格・女命官星・合男命之用・或合補助格・女命補助男命・五行之缺・或合長生格・或合得祿格・或合天月二德格・女命有天月德者・合夫用神之類・種種用神・筆難罄述・全憑合者會心・其三元合婚者・合男女宮度也・上元甲子一宮連・中元

起巽下兌間・上五中二下八女・男逆女順挨宮流・合取男女八字・天醫福德生

氣之吉・此法多不適用・庶不多述・談此道者・不明天星宮度之故・如用此法

合婚・非通天星宮度者・則不能也・

指白論

三元指白・上元甲子起坎卦・逆行九宮六十年・中元巽卦六十年・下元兌卦六

十年・一百八十年・則仍歸坎卦而起・其月指白・子午卯酉年・正月起八白・

辰戌丑未二黑是・寅申巳亥年・正月五黃歸正中・在中宮逆行・正月二月挨去

・再入中宮佈卽得・學者看通書便知・其八節三奇・以四立二至二風爲主・

立冬乾卦・立春艮卦・立夏巽卦・立秋坤卦・冬至坎卦・夏至離卦・春風震卦

・秋風兌卦・八節湏用甲子推起八卦・分類前列・缺日冬夏二至順逆飛・八節

湏尋甲子推・當年歲下五虎遁・便知方位有三奇・如丁卯年・立春三奇・卽在

艮卦起甲子順行・乙丑到離・丙寅到坎・丁卯到坤・卽在本卦遁壬寅順行・癸

卯到震・甲辰到巽・乙奇中・丙奇乾・丁奇兌・之三奇方位是也・若見空・則

又逆行而推可也・

定太陽出沒時刻長短歌

正月出乙入庚方・二八出免入鶏塲・三七發甲入辛地・四六出寅入戌方・五月

生艮歸乾上・仲冬出巽入坤方・惟有十月與十二・出辰入申仔細詳・

定寅時歌

正九五更四點徹・二八五更二點歇・三七平光是寅時・四六日出寅無別・五月

日高三丈地・十月十二四更二・仲冬繞到四更初・此是寅時須切記・

起神煞例

一太歲・二獨火・三喪門・四勾陳・五官符・六死符・七小耗・八大耗・九將

軍・十皇帝・十一吊客・十二病符・

察賊所在課

知命篇

回賊來知賊所在，加時春乙夏居丁，秋辛冬癸名天目，賊當在下伏其形。此六壬課法。以天將加用時順行，春乙者寄辰，夏丁者寄未，秋辛者寄戌，冬癸者寄丑。如春月用子時亥將，即用亥加子順行，辰到巳方，賊必在巳方藏伏也。

月禽起例

會得年禽月易求，太陽用角木參頭，太陰室宿火星值，金心土胃水騎牛。如太陽值年，正月起角宿，順數十二月，木宿值年，正月起參宿是也。

日禽起例

七元禽星會者稀，虛奎畢鬼翌氐箕，但將甲子從頭數，元元相續報君知。如元甲子，虛宿值年，虛宿管局，皆太陽也，以太陽而定星宿是也。

天地干支數

甲己子午九，乙庚丑未八，丙辛寅申七，丁壬卯酉六，戊癸辰戌五，巳亥單四數。

論小限

小限管一年之事・以命宮加子逆行・遇太歲住處・即是小限也。

月限法

月限在小限宮・逆起正月・如小限寅・則二月在丑矣・

論變化之機

昔葉天士・以梧桐葉催生・梧桐豈可催生乎・適交秋之時・正適機也・子評之理・起大運・若遇節令之時所生者・亦必須查准・稍有不慎・則行運全錯・有變通之一法・照兩種行運而推算・問其刑尅喜慶・合乎命運者是真・不合命運者是錯・又有一法・非推出一百二十分不准・上四十分・中四十分・下四十分・此為三命之法也・

年上起月

甲已之年丙作首・乙庚之歲戊為頭・丙辛之歲尋庚上・丁壬壬位順行流・若問

戊癸何方發．甲寅之上好推求．

日上起時

甲己還加甲．乙庚丙作初．丙辛從戊起．丁壬庚子居．戊癸推壬子．時年永不
訛．

寅刑巳．巳刑申．丑刑戌．戌刑未．子刑卯．卯刑子．辰刑午．午刑亥．

十二支相刑

五行生尅

生我者．陰見陰．陽見陽．為偏印．陰見陽．陽見陰．為正印．尅我者．陰見
陰．陽見陽．為七煞．陰見陽．陽見陰．為正官．我生者．陰見陰．陽見陽．
為食神．陰見陽．陽見陰．為傷官．我尅者．陰見陰．陽見陽．為偏財．陰見
陽．陽見陰．為正財．比和者．陰見陰．陽見陽．為比肩．陰見陽．陽見陰．
為刦財．陰陽相見．以日干為主．論六親財官印比之法．但食神．又有一論．

陰見陽・陽見陰・爲食神・陽見陽・陰見陰・爲傷官・愚按我生者、洩我氣也

・身旺之命。無論食神與傷官・皆爲我之所用・許添丁進口也・食神落時・行

食神運・身旺者・子孫必多・衰者・則當別論矣・

・地支暗藏不雜亦吉・

天上三奇格地支合局格

天上三奇甲戊庚・地下三奇乙丙丁・人中三奇壬癸辛・申子辰水局・寅午戌火

局・巳酉丑金局・亥卯未木局・辰戌丑未土局・此格人命逢之最吉・地下三奇

六十甲子歌訣

甲子乙丑海中金・丙寅丁卯爐中火・戊辰己巳大林木・庚午辛未路傍土・壬申

癸酉劍鋒金・甲戌乙亥山頭火・丙子丁丑澗下水・戊寅己卯城頭土・庚辰辛巳

白蠟金・壬午癸未楊柳木・甲申乙酉泉中水・丙戌丁亥屋上土・戊子己丑霹靂

火・庚寅辛卯松柏木・壬辰癸巳長流水・甲午乙未沙中金・丙申丁酉山下火・

戊戌己亥平地木・庚子辛丑壁上土・壬寅癸卯金箔金・甲辰乙巳覆燈火・丙午
丁未天河水・戊申己酉大驛土・庚戌辛亥釵釧金・壬子癸丑桑柘木・甲寅乙卯
大溪水・丙辰丁巳沙中土・戊午己未天上火・庚申辛酉石榴木・壬戌癸亥大海
水・此歌論五行輕重之義・如屋上土・金箔金・言最少之義・天河水・大海水
・言一水在上・一水在下之義・三十年五行一轉也・全憑學者會心・庶不多述
也・

十二支所藏

子宮癸水在其中・丑癸辛金己土同・寅宮甲木兼丙戊・卯宮乙木獨相逢・辰藏
乙戊三分癸・巳宮庚金丙戊叢・午宮丁火兼己土・未宮乙己丁共宗・申位庚金
壬水戊・酉宮辛字獨一重・戌宮辛金兼丁戊・亥宮壬甲是真蹤・

論羊刃

夫羊刃者・祿前一位是也・如甲日生人・卯為羊刃・乙生人・辰為羊刃・其羊

刃對沖・則為飛刃也・行羊刃運・過流年・必主刑尅矣・

論旬空

甲子旬中戌亥空・甲戌旬中申酉空・甲申旬中午未空・甲午旬中辰巳空・甲辰旬中寅卯空・甲寅旬中子丑空・其六甲有旬空・而六丁六壬六戊六己六乙六丙六庚六辛六癸・皆是一樣用法・如甲子旬戌亥空・其戌上有甲木・亥上有乙木・只得半空・旬空者・空地支也・文王卦爻・最重此法・學者須在此處研究・方有進步也・

五不遇時及截路空亡時

時干尅日干者・為五不遇時・如甲子日午未時・庚辛金來尅日干也・截路空亡者・壬癸二水也・申酉二時干是壬癸・言隔水之意耳・逢金日干得生・不作此論也・

月破論

劉官沖者・爲月破・如寅月與甲沖・因太陽在亥宮之故・如到四月・則又與申

合・而沖亥宮・先沖後合・兩片之輪轉也・

論天赦日

春戊寅・夏甲午・秋戊申・冬甲子・逢開日爲眞天赦・最不易得・如春正月・

開在子・二月開在丑・三月開在寅・能得戊天干・雖辰月而得開旺故也・夏四

月・開在卯・五月開在辰・六月開在巳・秋七月開在午・八月開九月開

在申・能得戊天干，雖戌月而得開旺故也・冬十月開在酉・十一月開在戌・十

二月開在亥・按天赦日・不可求之太精・其得開日者・春月寅卯過時・辰月

則得開寅補助・秋月申酉過時・戌月則得開申補助・爲旺氣過時・暗藏春色之

意・其實天赦日・皆爲春夏秋冬・四季乘旺之吉日也・

論祿神運

祿爲人之衣食・四柱有祿者・忌行祿運・爲飽祿運・爲伏吟運・最忌沖犯・若

四柱無祿者．喜行祿運．爲飢祿運．必須得用神方吉．若與四柱有合有冲者．則又當別論也．

論小孩關煞

凡小孩關煞多端．最難查考．特取其簡便精確者．略舉數種．先看身旺爲主．次論未交運之年月甲子干支．若犯刑冲尅害．論身主衰旺．身旺刑尅輕者不尅．身弱刑尅重者忌之．若交大運．則可以運而斷．如小運．男一歲起寅．女一歲起申．男逆女順．挨宮輪流．一年一宮．查逐年小運吉凶．如交大運．則不以此法爲用矣．

總論女命

夫女命者．得坤道而生．其行大運．則以中氣爲主．得西半球之氣所生也．其立女命宮．當以酉宮爲主．所以女命最喜月德．夫月德乃女命之太陰．與男命之得太陽照命．一身榮華富貴相同．如女命之得太陰者．必可斷爲一品夫人．

得用神者為真．若落旬空．則不驗矣．如居西半球之人．地氣屬陰．故女人．

猶中國東半球之男人．主外．地體使之然也．待六十年之後．交下甲子．運會

交午會者．則天下男女平權．古人云人居地中．地球之上．三山六水一分田．

應配六水．陽卦三卦．三山一田．配陰卦三卦．一分田者．牛陽半陰．配人元

所得之一卦．方合文王卦．六爻之氣．外三爻．內三爻．陰陽之對待也．故配

東半球男女二象．西半球男女二象．至午會甲子天運．東半球行西半球之氣．

西半球行東半球之氣．其陰陽之平權也．如女命起法．以中氣為主．陰下順行

運．數未來中氣．陽干逆行運．數已過中氣．三天為一年．與男命一樣用法．

其命宮．則以生月在午順數．至生月止．再加生時逆數．遇酉．即是安命宮也

・其小限在命宮加午時順行．遇太歲則止．即為小限．管一年之事．與男命子

評用法相同．無非起順者用逆．起逆者用順之意耳．男命得太陽而生．女命得

太陰而生．無陽則不生．無陰則不成．女命從西而東．後於男也．男命從東而

西．先於女也．若照西半球而論．女先於男也．男後於女也．陰陽若不交媾．

則不能生人．所以女命可從男命而算．此節自古從無明文．姑發明其理．以待

後賢研究．茲特錄一女命四柱於左．如丁卯年正月初九日子時生．十八日子時

雨水．一女命以備參考．命宮以節為過氣也．

丙子 貴人　　　　　　　　　　　　戊申

乙亥　　　　　　　　　　　　　　丁未

　　合

壬寅　　　　　　　　　　　　　　丙午

　合

乙己

甲辰

丁卯 祿　　　三歲行運 癸卯

　　　　　　　　　　　　命立酉宮過戌

總論

夫命理之道・易數也・世間萬事萬物・皆有一命・其爲人最靈・龍虎猛獸犬之

至如螻蟻之微・亦莫不然・得陽片所生之動物・樹木花草之類・屬陰片所生

之靜物・皆有命理存焉・當旺之時則茂盛・當剋之時則夭折・其生之時・卽早

定之於數・萬事豈可能逃陰陽之數者乎・如造物然・無陰陽則不能成物・無五

行則不能成件，譬如茶碗而論・取泥則成土金・造成而必水潤・燒窰則成木火

無水則不能爲飲・空有是碗也・或曰如碗乘乾物而食・豈不缺水乎・子曰變

卦後天之故・如人命中有缺五行者・卽變卦之義也・昔邵夫子所著皇極經世・

鐵板神數・發明河洛之秘・出乎大易之理・間大易之門・造後學之路・豈淺鮮

哉・後賢入數學之門者・莫不由夫子之義・而人正軌也・習此道者・宜多看書

精思想・通變化・會用神・講來往・定動靜・觀陰陽・推八卦・挨九星・辨

八方・論四氣・推三才・分兩片・定雌雄・論七星・排節氣・訪高賢・學秘訣

三十

・庶幾可窺夫子之門牆・而成精於數學之流者歟・

論長生法四大水口

乙丙交而趨戌・辛壬會而聚辰・斗牛納丁庚之氣・金羊收癸甲之靈・尹一勺先
生言之甚詳・如水口在辰・則知起祖之山必乾・辛右旋龍生子墓辰・壬左旋龍
生申墓辰・一左一右・則知祖山必乾・此一勺先生看地之經驗・惜不知六甲空
一片之用・如辰年卽是辛壬二龍之氣・辛壬二年卽是辰龍水口之氣也・所以地
理一道・必須體用兼通・命理亦係體用之分・以八字爲體・日主爲用・全憑學
者會心萬事萬物・皆要在空處立極・看體看用・庶幾可以談理氣・談命理矣・
愚所著地理辨正補註兩册・讀者莫知門徑・故特著此篇以補地理之一助焉・民
國丁卯年正月後學隨緣子論・

堪輿

讀左春谷三餘偶筆・有堪輿一節・男命起寅一節・元二二節錄後・

漢書藝文志・有堪輿金匱十四卷・師古曰・許慎云・堪天道・輿地道也・可知

堪輿之說・自古有之・家語子夏曰・商聞山書曰・地東西爲緯・南北爲經・山

爲積德・川爲積刑・高者爲生・下者爲死・邱陵爲牡・谿谷爲牝・此即堪輿家

之說・所謂山書・今亦不傳・愚按山書・或今言巒頭也・

男命起寅

難經十九難曰・男子生于寅・寅爲木陽也・女子生于申・申爲金陰也・紀氏注

曰・生物之初・其本原皆始于子・子者萬物之所以始也・自子推之・男左旋・

三十而至于巳・女右旋・二十而至于巳・是男女婚姻之數也・自己而懷孕・男

左旋・十月而生於寅・寅爲木陽也・女右旋・十月而生於申・申爲金陰也・按

容齋續筆・謂今之五行家・凡男子小運起於寅・女子小運起於申・莫知何書所

載・而引許叔重注・淮南子氾論訓云・男生於寅・女生於申・故男子數從寅起

女子數從申起・以爲起寅起申之說所始・然秦越人・乃春秋時人・已有男子

生寅・女子生申之語・則推命家言・男一歲起丙寅・女一歲起壬申・其法不自
漢始・春秋時當已有之・虞氏曰難經不言起・而言生・謂生下巳為一歲矣・壬
丙二幹水火也・水火為萬物之父母・寅申二支金木也・為生物成實之終也・

元二

容齋隨筆曰・漢碑有楊孟文石門頌云・中遭元二・西夷虐殘・孔耽碑云・遭元
二輙軻・人民相食・趙明誠金石跋云・若讀為元元不成文理・疑當時自有此語
・漢注未必然也・余按元二・乃指連數之災厄而言・漢書律歷志・易九厄曰・
初入元百六・陽九次三百七拾四・陰九次四百八十・陽九次七百二十・陰七
次・七百二十・陽七次・六百・陰五次・六百・陽五次・四百八十・陰三次・
四百八十・陽三凡四千六百一十七歲・與一元終經歲四千五百六十・災歲五十
七・經歲者・從百六終陽三也・得災歲五十七・合為一元・四千六百一十七歲
・一元之中・有九厄・陽厄五・陰厄四・陽為旱・陰為水・陽九者・九年旱・

知命篇

陰九者．九年水也．漢人每有此語．故陳忠傳亦云．自帝即位以後．頻遭元

之厄．與王莽傳三七之厄．後漢書郎顗傳．五際之厄．一例語也．皆指運數

言也．是所謂同之陽九．附之百六也．愚按有數即有卦之凶吉．俗夭夭至百

是清明．得一百另六天．或者推數為始之法在此．終於陽三之數為止．但其

之陽九次．七百二十．陰七次．之七百二十．陽九次．四百八十．陰三次．

百八十．其分卦而不分數．愚讀地理書二十年之苦心．其方位氣運之吉凶．

知二三．其數學氣運之吉凶．則晉不能知也．明知數從易出．然讀者先宜諳

極經世一書．庶易入門．海內之同志．當不以斯言為河漢乎．

三十四

論京氏易傳及江慎修周易釋義一節

數學之道・即以年月日時・配卦而起數・如京氏易傳云・積算己巳火至戊辰土

・周而復始・爲逆行・其二十八宿起鎮星之土宿・其號下乾上卦之辛壬降內

外象・庚午至乙亥・積算起乙亥水至丙戌土・周而復始・乙交丙爲順行・起太

白之金宿・此乃真傳正訣・如江氏論三十六宮・配六十四卦・其內不可反易者

八卦・可反易者五十六卦・配陽二十八卦・陰二十八卦・再加不可反易之八

・豈不是三十六宮乎。京氏易傳・見漢魏叢書本・周易釋義・清同治曾國藩氏

之翻印・始特誌之・以便讀者易購也・余注天玉經倒排父母是真龍・子息達天

心一堂術數古籍珍本叢刊　第一輯書目

	書名	作者	說明
占筮類			
1	擲地金聲搜精秘訣	心一堂編	沈氏研易樓藏稀見易占秘鈔本
2	卜易拆字秘傳百日通	心一堂編	秘鈔本
3	易占陽宅六十四卦秘斷	心一堂編	火珠林占陽宅風水秘鈔本
星命類			
4	斗數宣微	【民國】王裁珊	民初最重要斗數著述之一；未刪改本
5	斗數觀測錄	【民國】王裁珊	失傳民初斗數重要著作
6	《地星會源》《斗數綱要》合刊	心一堂編	失傳的第三種飛星斗數
7	《斗數秘鈔》《紫微斗數之捷徑》合刊	心一堂編	秘珍本「紫微斗數」舊鈔
8	斗數演例	心一堂編	秘珍稀本「紫微斗數」舊鈔
9	紫微斗數全書(清初刻原本)	題【宋】陳希夷	別於錯誤極多的坊本
10–12	鐵板神數(清刻足本)——附秘鈔密碼表	題【宋】邵雍	無錯漏原版 首次公開秘鈔密碼表
13–15	蠢子數纏度	題【宋】邵雍	打破數百年秘傳 首次公開！蠢子數連密碼表
16–19	皇極數	題【宋】邵雍	研究神數必讀！密碼表
20–21	邵夫子先天神數	題【宋】邵雍	研究神數必讀！附手鈔密碼表
22	八刻分經定數(密碼表)	題【宋】邵雍	皇極數另一版本；附手鈔密碼表
23	新命理探原	【民國】袁樹珊	子平命理必讀教科書！
24–25	袁氏命譜	【民國】袁樹珊	
26	韋氏命學講義	【民國】韋千里	民初二大命理家南袁
27	千里命稿	【民國】韋千里	北韋
28	精選命理約言	【民國】韋千里	北韋之命理經典
29	滴天髓闡微——附李雨田命理初學捷徑	【民國】袁樹珊、李雨田	命理經典未刪改足本
30	段氏白話命學綱要	【民國】段方	易懂 民初命理經典最淺白
31	命理用神精華	【民國】王心田	學命理者之寶鏡

編號	類別／書名	作者	說明
32	命學探驪集	【民國】張巢雲	發前人所未發
33	澹園命談	【民國】高澹園	稀見民初子平命理著作
34	算命一讀通——鴻福齊天	【民國】不空居士、覺先居士合纂	稀見民初批命斷語及
35	子平玄理	【民國】施惕君	源自元代算命術
36	星命風水秘傳百日通	心一堂編	
37	命理大四字金前定	題【晉】鬼谷子王詡	活套
38	命理斷語義理源深	心一堂編	稀見清代批命斷語及
39 – 40	**相術類**　文武星案	【明】陸位	失傳四百年《張果星宗》姊妹篇　千多星盤命例　研究命學必備
41	新相人學講義	【民國】楊叔和	失傳民初白話文相術書
42	手相學淺說	【民國】黃龍	經典　民初中西結合手相學
43	大清相法	心一堂編	
44	相法易知	心一堂編	
45	相法秘傳百日通	心一堂編	重現失傳經典相書
46	**堪輿類**　靈城精義箋	【清】沈竹礽	
47	地理辨正抉要	【清】沈竹礽	沈氏玄空遺珍
48	《玄空古義四種通釋》《地理疑義答問》合刊	【民國】沈瓞民	玄空風水必讀
49	《沈氏玄空吹虀室雜存》《玄空捷訣》合刊	【民國】申聽禪	
50	漢鏡齋堪輿小識	【民國】查國珍、沈瓞民	
51	堪輿一覽	【清】孫竹田	經典　失傳已久的無常派玄空
52	章仲山挨星秘訣（修定版）	【清】章仲山	章仲山無常派玄空珍
53	臨穴指南	【清】章仲山	門內秘本首次公開
54	章仲山宅案附無常派玄空秘要	心一堂編	沈竹礽等大師尋覓一生未得之珍本！
55	地理辨正補	【清】朱小鶴	玄空六派蘇州派代表作
56	陽宅覺元氏新書	【清】元祝垚	簡易·有效·神驗之玄空陽宅法
57	地學鐵骨秘　附　吳師青藏命理大易數	【民國】吳師青	釋玄空廣東派地學之秘
58 – 61	四秘全書十二種（清刻原本）	【清】尹一勺	玄空湘楚派經典本來面目　有別於錯誤極多的坊本

心一堂術數古籍珍本叢刊　第一輯書目

編號	書名	作者	提要
62	地理辨正補註　附 元空秘旨　天元五歌　玄空精髓　心法秘訣等數種合刊	【民國】胡仲言	貫通易理、巒頭、三元、三合、天星、中醫　公開玄空家「分率尺、工部尺、量天尺」之秘
63	地理辨正自解	【清】李思白	力薦 民國易學名家黃元炳
64	許氏地理辨正釋義	【民國】許錦灝	秘訣一語道破，圖文并茂
65	地理辨正天玉經內傳要訣圖解	【清】程懷榮	玄空體用兼備、深入淺出
66	謝氏地理書	【民國】謝復	玄空六法門內秘鈔本首次公開　蓮池心法　玄空六法
67	論山水元運易理斷驗、三元氣運說附紫白訣等五種合刊	【宋】吳景鸞等	失傳古本《玄空秘旨》《紫白訣》
68	星卦奧義圖訣	【清】施安仁	
69	三元地學秘傳	【清】何文源	
70	三元玄空挨星四十八局圖說	心一堂編	三元玄空門內秘笈　清鈔孤本
71	三元挨星秘訣仙傳	心一堂編	與今天流行飛星法不同
72	三元地理正傳	心一堂編	過去均為必須守秘不能　公開秘密
73	三元天心正運	心一堂編	門內秘鈔本首次公開
74	元空紫白陽宅秘旨	心一堂編	
75	元空紫白秘旨	心一堂編	
76	玄空挨星秘圖　附 堪輿指迷	心一堂編	
77	元空法鑑批點本——附 法鑑口授訣要、秘傳玄空三鑑奧義匯鈔 合刊	【清】曾懷玉等	
78	元空法鑑心法	【清】曾懷玉等	
79	姚氏地理辨正圖說　附 地理九星并挨星真訣全圖　秘傳河圖精義等數種合刊	【清】姚文田等	
80	地理辨正揭隱（足本）附連城派秘鈔口訣	【民國】俞仁宇撰	揭開連城派風水之秘
81	地理學新義	【民國】王邈達	
82	曾懷玉增批蔣徒傳天玉經補註【新修訂版原（彩）色本】	【清】項木林、曾懷玉	
83	趙連城秘傳楊公地理真訣	【明】趙連城	
84	趙連城傳地理秘訣附雪庵和尚字字金	【明】趙連城	深入淺出，內容簡核
85	地理法門全書	仗溪子、芝罘子	巒頭風水，內容簡核、深入淺出
86	地理方外別傳	【清】熙齋上人	巒頭形勢、「鑑神」「望氣」
87	地理輯要	【清】余鵬	集地理經典之精要
88	地理秘珍	【清】錫九氏	巒頭、三合天星，圖文並茂
89–90	嚴陵張九儀增釋地理琢玉斧巒　《羅經舉要》 附《三合天機秘訣》	【清】張九儀	巒頭、三合、天星，圖文並茂　法圖解　清鈔孤本羅經、三合訣　儀經典清刻原本！清初三合風水名家張九儀經典清刻原本！

編號	書名	作者	提要
91	地學形勢摘要	心一堂編	形家秘鈔珍本
92	《平洋地理入門》《巒頭圖解》合刊	[清]盧崇台	平洋水法、形家秘本
93	《鑒水極玄經》《秘授水法》合刊	[唐]司馬頭陀、[清]鮑湘襟	千古之秘，不可妄傳匪人
94	平洋地理闡秘	心一堂編	雲間三元平洋形法秘鈔珍本
95	地經圖說	[清]余九皋	形勢理氣、精繪圖文
96	司馬頭陀地鉗	[唐]司馬頭陀	流傳極稀《地鉗》
97	欽天監地理醒世切要辨論	[清]欽天監	公開清代皇室御用風水真本

三式類

98–99	大六壬尋源二種	[清]張純照	六壬入門、占課指南
100	六壬教科六壬鑰	[民國]蔣問天	由淺入深，首尾悉備
101	壬課總訣	心一堂編	六壬入門、首尾悉備
102	六壬秘斷	心一堂編	過去術家不外傳的珍稀
103	大六壬類闡	心一堂編	六壬術秘鈔本
104	六壬秘笈——韋千里占卜講義	[民國]韋千里	六壬入門必備
105	壬學述古	[民國]曹仁麟	依法占之，「無不神驗」
106	奇門揭要	心一堂編	集「法奇門」「術奇門」精要
107	奇門大宗直旨	[清]劉文瀾	條理清晰、簡明易用
108	奇門行軍要略	劉毗	天下孤本　首次公開
109	奇門三奇干支神應	馮繼明	虛白廬藏本《私藏遁甲天機》
110	奇門仙機	題[漢]張子房	奇門不傳之秘　應驗如神
111	奇門心法秘纂	題[漢]韓信（淮陰侯）	
112	奇門廬中闡秘	題[三國]諸葛武侯註	神

選擇類

| 113–114 | 儀度六壬選日要訣 | [清]張九儀 | 儀擇日秘傳清初三合風水名家張九 |
| 115 | 天元選擇辨正 | [清]一園主人 | 釋蔣大鴻天元選擇法 |

其他類

| 116 | 述卜筮星相學 | [民國]袁樹珊 | 民初二大命理家南袁北韋 |
| 117–120 | 中國歷代卜人傳 | [民國]袁樹珊 | 南袁之術數經典 |